U0036028

八字學

一次完全學會

自序

現代家庭組成多元化，單親、隔代教養、外籍親人、特殊家庭……，年輕人在這樣的環境中特別茫然，加上現今媒體發達，電視、電腦、手機下載方便，許多小孩在這樣知識流傳快速的環境中，雖然可以大量得到許多資訊，但卻不知如何過濾與應用，彷如置身無邊的大海般令人無所適從。大人們似乎都很忙，也有屬於大人自己的煩惱與壓力，很少人願意停下腳步，有耐心的與孩子們聊一聊心事，每個人各自有自身的恐慌與寂寞，而面臨學校考驗與社會壓力之間的青少年們，對未知的前途更加茫然與不知所措。在網路設立部落格【朗慈軒】，是在幾次聽到女兒們提到班上同學發生的事情後所產生的想法，想起自己在求學階段也很希望有長輩或朋友可以討論心情、商量事情，於是我設立了【朗慈軒】，希望可以用八字和紫微斗數為有緣的朋友們服務，也算是為十幾年來的命理研究做一番的驗收和實證。

這些年來的命理服務，讓我發現許多人都有同樣的疑惑，不清楚自己的

長處，不知道未來該何去何從，感情茫然沒有安全感，選擇好像很多，但反而更不知如何是好。因為每次諮詢交談的時間有限，部落格的信件回答也是局部的交流，所以抱著「給人魚吃不如教人釣魚」的想法寫了這本書，但願能夠幫到更多人，藉由命理學習更豐富的思維、不同的視野，在面對生活的選擇時能做得更好！

我一直希望可以藉由命理給朋友們一些建議跟方向，當初自己學習命理也是希望能從不同的角度去觀察這個世間的人、事、物，盼望能找到有助益的解答，而命理也確實幫助到我。寫這本書是我這些年來在命理的觀察與整理，盡量以白話文的方式寫出，減少一般市面上命理書籍古文居多的情形，盼能讓大家容易吸收閱讀，希望能像閱讀星座書那般容易了解與運用，能增進大家人際關係的知己知彼，與自我能力的檢視與強化，對於未來發展方向的掌握與調整有所幫助，同時也完成我的八字學老師林清發先生的囑咐——用另一種方式來詮釋與寫出八字學，務必「簡單、白話、易懂」，希望「白話文八字學」能活用在大家的日常生活中，以能力為導向，以各星神個性面為基礎，並盡量以活潑輕鬆的方式寫出我的學習心得，希望對大家日常生活中的幸福能有所助益。

筱淇很努力的把所知整理出來，有緣翻看此書的朋友們，很喜悅可以跟大家分享，在此先感謝你的翻閱與支持！也希望看到此書的前輩與同學們，不吝賜教，給筱淇進步的方向與機會，感恩！

如果書中有什麼不完善不足的地方期盼大家給我指導與鼓勵，寫信至love1970619@gmail.com或到新浪部落【朗慈軒】留言給筱淇，讓我知道大家的需求與期盼。

在這裡祝福每一位有緣的朋友得到自己的幸福並掌握屬於自己的人生，祈願大家平安健康，福慧雙修，自在喜樂。

本書的完成除了感謝我的老師、家人、好友，以及這些年來願意諮詢筱淇的朋友們，也感謝前輩們出書，讓我有學習的資訊與方法。更感恩觀世音菩薩的慈悲加持，是祂一直給我力量，讓我可以勇敢的寫下去，也感恩諸佛護法菩薩的慈悲祝福，感謝所有有緣的朋友的支持與鼓勵，感謝你們！

目錄

星神個性、能力

生命元素

你的生命元素是什麼？

「八字學」顧名思義就是當你用你自己的出生（年、月、日、時）為資料，輸入「八字學」的固定公式之後，可以得到由五行「金、水、木、火、土」所排列成的八個字（年、月、日、時各有2個字，共有八個字，四個組合，是為「四柱」）。藉由這八個字之間的互相對應關係，相生相剋，在八字裡會出現十個星神，分別是「正官星、七殺星、正財星、偏財星、正印星、偏印星、食神星、傷官星、比肩星、劫財星」，這些星神各自有自己的特性，不同的組合會產生許多新的變化，非常的有趣。以這些資料可以用來觀察、分析、理解每個人的個性特色、興趣、專長、思考方向、優缺點，可以幫助調整更適合個人的學習、發展方向，以及輔助選擇朋友、情人、伴侶或者對工作、事業屬性都是很好的參考工具。

「八字學」有個方便之處，就是沒有準確出生時間的人（只知道年、

月、日而不知道出生時，早期醫院沒有電腦化找不到個人紀錄資料，或者是由產婆在家中接生，父母親記不清又沒有做記錄的人。）也可以藉由出生年、月、日查到自己的日主（生命代表元素），因為就算沒有出生時辰，你至少可以查到年、月、日的六個字，不像其他命理方式大都需要完整的時間方可查詢。（當然如果有完整的出生時間可以增加準確度，若是沒有出生時的資料，就先假設一個出生時間，但是只是用來方便電腦排盤，代表出生時的那兩個字就不能做為命理推論的參考資料。）以日主為中心點，彼此會產生互動關係，或生或剋然後衍生出十個星神「正官星、七殺星、正財星、偏財星、正印星、偏印星、食神星、傷官星、比肩星、劫財星」這十個星神各有其不同的特性，八字學是由此十個星神進而產生推算，就像12星座的不同個性，紫微斗數的14顆主星一般；而星神位置在年、月、日、時的分別就如星座、紫微的對應宮位一般（例如：父母宮、兄弟宮……）；五行生剋（金生水、水生木、木生火、火生土、土生金）也會產生互動影響。

每個人的生命代表元素皆不同，但是遊戲規則是你必須先知道自己是什麼元素。建議你把身邊親近的人的生命元素查出來，你會發現彼此間相生、相剋（註五、六）的有趣互動，通常我們會跟同屬性、生我者或所生、五合（註七）的人比較投緣，查出來之後，你會發現你身邊的親友原來差不多是哪些元素，很有意思！

現在網路上有許多的命理諮詢網站，很方便大家在網路上查到自己的八字命盤，或大家可以到【朗慈軒】首頁左側：命理工具連結：http://blog.sina.com.tw/love1970619/，就可以看到許多種命理排盤工具連結，非常方便且免費，歡迎大家前往使用。

例如99年1月1日中午12點生的男生（農曆），輸入資料後會看到自己的八字盤如下：

正官	年干	庚	寅	年支	甲	劫財	（丙　傷官　戊　正財）
正財	月干	戊	寅	月支	甲	劫財	（丙　傷官　戊　正財）
日主	日干	乙	未	日支	己	偏財	（乙　比肩　丁　食神）
正印	時干	壬	午	時支	丁	食神	（己　偏財）

大運：7～16歲 己卯，17～26歲 庚辰，27～36歲 辛巳，37～46歲 壬午，47～56歲 癸未，57～66歲甲申，67～76歲 乙酉。

共有庚寅、戊寅、乙未、壬午八個字，年、月、日、時各兩個字，上面四個字「庚、戊、乙、壬」是天干，從右至左分別是年干：庚、月干：戊、日干（日主）：乙、時干：壬，下面四個字「寅、寅、未、午」是地支，從右至左分別是年支：寅、月支：寅、日支（日主）：未、時支：午，以日干為中心點主角，顯示其他干支與日主所產生的生剋關係，然後出現不同的星神搭配。以此例主人（以下簡稱日主）日的代表字是「乙未」，所以此日主以「乙木」（註一）為他的生命元素。

大運：指的是每十年為一個大運。流年：是每一年當年的運勢。由公式排出（可利用電腦排盤得知），每個大運、流年一樣有兩個字，與日主互動生剋後一樣會產生星神的變化。流年也是同樣的道理。

依此例八字命盤中的「八字四柱」分別是：

年柱的代表字是「庚寅」，年干是庚，年支是寅，他對應的人事是祖先、父母、長輩、童年環境、祖上餘蔭，父母宮，大約是01～16歲的運勢、對應個性。（祖父母在時，年柱為祖父母，月柱為父母；祖父母不在時，年柱為父母，月柱為兄弟姐妹。）

月柱的代表字是「戊寅」，月干是戊，月支是寅，他對應的人事是父母、兄弟姐妹、家庭內務環境，福德宮、父母宮、兄弟宮，大約是17～32歲的運勢、對應個性。

日柱的代表字是「乙未」，日干（日主）是乙，日支是未，他對應的人事是自己（天干）、配偶（地支）、婚姻狀態、互動情形、找對象的屬性，待人處世的態度、個性理念，命宮、夫妻宮、疾厄宮，大約是33～48歲的運勢、對應個性。

時柱的代表字是「壬午」，時干是壬，時支是午，他對應的人事是兒女、下屬、事業、晚年生活，子女宮、事業宮、奴僕宮，大約是49～64歲的運勢、對應個性。（對應位置的六親要記住，在判斷事理上很容易用到。）

年、月、日、時，四柱的個別意義

年柱

如果把人比喻為一棵樹，那麼年柱就像是樹的根基，一個人是否得到長輩餘蔭的庇佑，出身環境能否優渥，大約可以在年柱看出端倪。通常年干出現正官、正財（偏財）、正印、食神，且為喜用神的人（請參考133頁），容易出生於良好優渥的環境（這裡指的是物質環境，開不開心，有無個人自由是另一回事）。

而年干出現七殺、偏印、傷官、劫財，則環境較普通或甚至貧困，不管祖父母環境如何，大都無法直接受到福蔭。

古書最喜歡年柱出現正財，月柱出現正官，大都是富貴家庭。或是食神與財星的組合，童年也頗富足。

如果出現劫財、比肩且為忌神（請參考133頁），則通常父母有一方不容易在命主身邊（單親、離婚或在遠方工作，聚少離多，輕者父母不合，重者父母早亡）。

年干正官，通常是長子或獨子，家庭的管教、約束力較多責任較重。年干大約是01～16歲的運勢、當時顯現的個性。

當大運流年與年柱產生沖剋時（註六），通常是長輩發生一些事情，意外或健康疾病，需要我們去操心處理。如果童年運就直接沖剋年柱，通常童年的生長環境會受到影響，較為動盪不安，心靈上會受到一些挫折。

月柱

月柱就像是樹的樹幹，因為大約是17～32歲的運勢，所以對於命主人生學習階段的影響很大，對應的是福德宮、父母宮、兄弟宮，相當於日主身邊親近的人，如果是順生日主，通常日主的內心狀態、心性會比較穩定、樂觀，對於日主的個性，待人處世，價值觀會有一定的影響程度。

所以一旦大運或流年來沖剋月柱時，對日主本身會產生很大的生活變化或打擊，特別如果又是十幾歲或二十幾歲的大運與月柱產生沖剋時，對日主的傷害是立即且明顯的，甚至會延伸到日後整個命運，最不喜歡的還有年柱與月柱直接就互相沖剋，那對於日主本人的養育生長環境等於是動盪不安，是很大的生活磨練，通常日主本身的個性會比較缺乏安全感，個性也會較為極端偏激，衝突性大，情緒高低起伏明顯，EQ通常不好而且悲觀，容易走入歧途，誤交損友，發展受限。但是也有因為環境的鍛鍊，而產生特殊的人格特質，有不少偉大的人物也由此產生，所謂「天將降大任於斯人也，必先苦其心志，勞其筋骨，餓其體膚，空乏其身，行拂亂其所為，所以動心忍性，增益其所不能」。

日柱

日柱就像是樹的花朵、樹葉，呈現在外面給人看到的外觀。大約是33～48歲的運勢、當時顯現的個性。一個人成長到三、四十歲這個階段，大部分已經成熟而且獨立，整體的對外表現大致已經完成。對應的是命宮、夫妻宮、疾厄宮，日主自己的代表元素是天干，配偶是地支。有的人是上下順生，日干生日支（地支的星神是食神、傷官，日主比較疼愛伴侶或依賴、嘮叨，傷官比較嘮叨，容易起爭執）或日支生日干（地支的星神是正印、偏印，伴侶比較體貼或黏、纏著日主，偏印比較會胡思亂想、嫉妒）。

有的人是上下沖剋，日干剋日支（地支的星神是正財、偏財，日主比較會約束或掌握伴侶，男命日支是財星，若同時是喜神能娶到賢妻）或日支剋日干（地支的星神是正官、七殺，伴侶比較會管或克制日主，正官的脾氣較好，七殺較暴戾，女命若地支是七殺又是忌神要慎選伴侶，建議晚婚）。

也有是相同的元素（地支的星神是比肩、劫財，相處比較像朋友，少了一些黏膩感，建議找獨立個性的伴侶）。

當大運流年與日柱產生沖剋時（註六），容易發生感情風波，爭執吵鬧、分手、劈腿、喪偶、意外災害、疾病、災難或錢財損失，要小心防範。

時柱

時柱就像是樹的果實，等於是人生晚年的階段。大約是49～64歲的運勢、當時顯現的個性。對應的是子女宮、事業宮、奴僕宮，一個人晚年的運勢、景況，子女的優劣，是否孝順，往來互動親密的程度，事業工作的穩定度，能否找到好的員工，在時柱可以看出端倪。

所以，當大運流年與時柱產生沖剋時（註六），容易發生工作事業上的變動，跟子女有關的問題，為兒女操心，出現敗家子等，或是自己的健康發生問題，總之對日主的影響會直接牽連到晚年的舒適度。

如果時柱與任何一柱是互相沖剋的，那麼被沖剋的那一柱的代表人、事、物都是令日主比較放不下心的，或者是無法卸除的責任，建議平常就多付出關心與耐性，平時多用心，就可以減少摩擦與災厄。

時柱影響著晚年的生活，在這裡提醒大家，如果你在時柱的天干地支裡看到【劫財星】、【比肩星】這兩顆星神，請千萬不要借錢或投資合夥甚至做保，很容易讓前面努力積蓄的錢財，產生很大的損失，不可不慎！（有些人若是劫財星、比肩星為喜神時，情形不會那麼嚴重，讀者是初學者無法自行判斷喜忌神時，請你務必在做借出或投資前請教命理師，三思而後行，若你剛好有緣看到這個提醒，因而避開大損失，請撥部分金額捐為善款，為您隨喜！）

另一種是在時柱裡看到【傷官星】，老年時走傷官運，最明顯的就是很會碎碎唸，看到事情不順眼特別愛批評指教，女命容易與先生產生紛爭，男命喜歡管束小孩、家人，結果都會產生討人厭的家庭人際關係，自己要克制一下，沒有人喜歡一直被批評指教，請用讚美代替你的關心，才不會搞的自己變得生人迴避。

學習命理就是學習勇敢的面對與預防，防範未然，制敵於先機，事先有準備、努力，自然可以逢凶化吉，大事化小，小事化無。

與不同元素生剋的相處互動關係

例如你是甲日主（屬木元素），你會跟日主同屬於木元素的甲木或乙木日干的人談話比較容易溝通，彼此之間較能互相了解、諒解。

和跟我們同屬性的元素相處，彼此思想比較好理解，容易成為好朋友、伴侶、學生時代的麻吉、男女朋友，如果親人間有人跟你同屬性，你會覺得你們很好聊天（除非你八字中同屬性的元素過多時，也就是星神中比肩、劫財過多為忌時，這才例外，這後面會提到。）感覺彼此心有靈犀，很有默契，如果是父子、母女關係，你們相處的模式會像是朋友一樣。

例如你是甲日主，會跟日主壬水或癸水日干的人（屬水元素）在一起時感覺到比較舒服，因為水會生木。

和來生我們的元素相處，除非特殊格局，通常我們會有被照顧、疼愛、有親切的感覺，老師、父母長輩、好友、情侶、夫妻……等，大都是善的因緣，但是被生的人有時候會忽略生我們的人，被疼愛久了就習慣了，所以如果你覺得人家很照顧你，別忘了表達出來喔，千萬別恃寵而驕。

例如你是甲日主，會跟日主丙火或丁火的人（屬火元素）在一起時感覺到比較樂於付出，因為木生火。

和我們所生的元素相處，我們會自然而然的還就照顧著對方，縱容、疼惜，捨不得給其他人的，卻不自覺的願意給所生的一方，像情人、夫妻、小孩、晚輩、兄弟姐妹、朋友、事業夥伴……，大都是你會甘願為他付出的搭配。

例如你是甲日主，會跟日主戊土或己土的人（屬土元素）在一起時感覺到比較勇於要求，因為木剋土，木從土壤中得到養分與資源。

和我們所剋的元素相處，我們會比較願意管教、控制、佔有對方，師生、主管同事下屬、親人、夫妻（誰管誰就很清楚了，呵呵）、兄弟姐妹、麻吉（互「噹」型的好友，很會互糗對方，打打鬧鬧，彼此如果是五合（註七）或是對方命盤中較缺乏的元素更好。）但是只要是相剋，難免會有一些緊張的氣氛會出現，分分合合，小吵小了，大吵大了，鬧翻時要去思考對方跟你爭執的是否正是你的盲點，忠言逆耳，要不要珍惜這個朋友，要靠彼此的緣分來決定，當然也有只會要求你而不懂付出的組合，這時候就要快刀斬亂麻囉。

例如你是甲日主，會跟日主庚金或辛金的人（屬金元素）在一起時感覺到比較能夠服從，因為金剋木，木因金雕刻而成器。

和剋我們的元素相處，我們很容易被控制、管束、壓抑、要求，通常是長輩、主管上司、配偶、親人、兄弟姐妹、孩子、情侶……，這種組合長期相處下來會給彼此產生壓力，但如果彼此關係已經很深，例如已經是親人、夫妻，建議長距離相處或偶爾給彼此空間、假期可以減少摩擦，適度的距離會是不錯的調整方式，如果硬要在一起，有一方會特別想跑開，情況會有點糾纏，但是有時這個人會特別讓你放不下，或他給你的教導、影響很深，如果可以的話建議不住在一起，若是夫妻可以試試不要睡同一個房間（如果彼此討論後可以同意，尤其是彼此中有人八字裡神煞星有出現孤辰、寡宿的。）分房有時會讓彼此更自在，各自有獨立的空間，感情反而比較好。或者也可以商量各自每個月有1～2天的獨處時間、假日，給彼此空間，相信對雙方都是很好的嘗試。

人與人之間的緣分很奇妙，有些緣分在八字一排出來時，你看了都不得不笑了出來，原來人世間的情愛，付出與獲得，早就已經清楚巧妙的安排著，毋須計較太多。

了解自己的個性

現在你已經知道自己的日主（生命元素）是什麼，我們就可以來認識不同元素的基本個性囉！（請同時參閱陰陽兩種屬性，例如你是木人，請同時看甲木、乙木，是金人請同時看庚金、辛金。）

甲—樹木（陽木）

你有一種朋友很木頭嗎？對他堅持的事很不會轉彎。當他心情白天的時候，他身邊充滿氧氣；當黑夜來臨時，二氧化碳令你窒息⋯

甲、乙皆屬「木」，只是甲是大樹木，乙是草本植物。

凡是植物都需要：

陽光、溫暖（丙火—太陽火，丁火—火爐火、燈火）

泥土、養分（己土—濕潤土（辰土、丑土），戊土—乾躁土（未土、戌土））

水、溼氣（癸水—雨露水，壬水—江河水）

甲木的日主如果可以齊備這三樣元素，原則上都會有較圓滿的待人處世能力，工作能力較好，做事也會比較順暢，這時如果再加上庚金（硬金）來雕刻成器，去蕪存菁，必能有一番作為。

甲木喜歡適當的丙、己、癸、庚，但是大部分的八字不會有適當的分配也不容易湊齊喜歡的元素，所以每個人的個性就會有不同的組合，每個人也會有屬於他個人的優點與缺點。夏天生的木喜歡有水來滋潤，秋天生的木喜歡有金來修剪，冬天生的木喜歡有火來溫暖。

除了本身的八個字元，每個人一生中每十年就會有一個大運，加上大運（上下兩個字），流年（那一年的運氣）、流月（那一月的運氣）、流日（那一日的運氣）各是2個字……就會產生千萬種變化，這中間的生剋制化就像多彩多姿的人生，令人目不暇給。遇到日主喜歡的、剛好又缺少的元素，生命就會比較順遂，就是走到一般人所謂的好運氣；如果遇到日主不喜歡的、過多的剋日主的元素，生活就會有比較多的考驗，就是走到一般人所謂的壞運勢。

一棵樹外型給人的感覺就是直挺而向上生長，大樹好乘涼，所以屬木的人個性耿直，有條理，有愛心，向上學習，但個性被動，對突發性的事比較缺乏應變能力。五行調和的木，恭敬謙和慈悲，常有惻隱之心，夏天生的樹因為有涼蔭讓人更喜歡親近，人緣較好。

有水灌溉的甲木思路敏捷擅長推理（八字四柱天干有癸水（壬水），在月支、月干最好，其次年干、時干），通常喜歡思考性的工作和遊戲，個性會較柔軟，也較有依賴性，與母親的緣分深，長輩的助力明顯，有宗教信仰，為人慈善祥和。

但是任何元素都以中庸之道為佳，過與不及都不理想。如果水過多，水泛木漂，隨波逐流，就像泡在太多水裡的樹木一樣，久了是會腐壞掉根基的，跟著長蟲變成空心樹，風一吹就倒，這通常是因為長輩太過溺愛所產生的副作用，使日主不夠獨立、孤僻自私、凡事不自己動手做，漸漸形成王子病、公主病的惡習，這時就會產生好高騖遠，無法設身處地替人著想，不夠腳踏實地的夢想家。

尤其當水過多的甲木日主又遇到水日主的母親（而且是八字中水過多的母親），這種慈母多敗兒的情況會更嚴重。同一出生時辰但是父母不同，給的生活環境不一樣，兄弟姐妹的搭配不同人，受教育的程度高低，當時時代觀念歷史背景不同，綜合以上所有的變數，所培養出來的人格就會有不一樣的發展。

所以即使有相同的八字的人，但是因為人、事、物、環境的搭配不同，還是會產生個別差異的人格、特性、專長，同命盤卻不同成就不同命運的結果。

有陽光（丙火）照耀的木會是個懂得分享，願意付出的人，口才及柔軟度也較佳，富才藝創意，應變能力會較好，若是地支有足夠的癸水，天干又透出丙火，通常是一個很聰明而多才多藝的人，同時也會是個帥哥美女，天干有庚金輪廓會更明顯、俊挺。

若是完全不見火（丙、丁），通常跟他不熟的人會以為他很酷，言詞少，變通性反應力也會欠佳，有事習慣悶著不說，你拿他沒輒；若是天干不見火但地支見火，日主只跟比較親近的人才會說的開，不熟的人除非工作需要，言詞簡潔。而且這個火出現在越後面的地支（例如時支），說話的意願越低，時間點也會往後拖延。

有泥土（己土），木的根方能伸展，才有發揮的舞台，人際關係的進退之道方能圓滿，泥土帶來養分，有土方有財，有適當土的甲木在處理人際關係較圓滑，喜歡賺錢，也能理財，對異性很有一套，但是土過多時處處留情，感情面反而不是很理想，如果地支出現3個以上的土（辰、戌、丑、未），感情波折難免，就算可以金屋藏嬌，也是心事有誰知……。

而斧頭金（庚金）來雕刻甲木成為有用的工具，藝術品、雕像，或做適當的枝葉修整，讓整體的進步更加完整，去蕪存菁，有畫龍點睛之效，非常重要。（甲木有適量的金來雕塑，通常會產生五官深刻的帥哥美女，而火讓木散發魅力光芒，展現才藝。）如果木日主完全不見庚金、辛金，容易會出

現做事沒有計畫，有頭無尾懶惰的人。前面提到土過多感情氾濫的木，若有適當的金來克制約束甲木（因為金剋木），同時金也會洩掉過多的土氣（因為土生金，所以土氣被消耗掉），這時就可以讓甲木日主顯得較進退得宜，做事也較有計畫規律，能夠實際的進行目標。

隨著春、夏、秋、冬四季的變化，甲木所需的水、土、陽光會有量的變化，如果大家用心思維加上從小到大看植物生長的經驗，慢慢就能整理出一個頭緒，八字五行的奇妙之處就在我們的身邊，隨處可見，用心的人在生活中細細品味，自然進步神速。

初春猶寒冬季冰冷，植物需要陽光的照暖，個性才不致過於自閉，若沒有適當的丙火、丁火取暖，這種木人陰森多疑，慳吝嫉妒，心胸狹窄，善思慮計較，絕對會讓你不想惹他。（須參考居住地，住台北、北京、加拿大跟住在恆春、四川、泰國的人各有不同，同樣是一月，有的地方還很熱需要一點水來調節溫度，有的地方還在下雪需要丙火陽光來照暖，所以即使八字相同，居住地不同，命運還是會有些微的不同。）

夏天燥熱需要多一點雨露滋潤，有一種缺水的樹木，乾癟枯燥長不大，學習沒耐心，晚上一堆想法，白天沒有做法，而且囉哩囉唆長篇大論。相反的，若水太多把火氣都消滅了，你會看到一個很悶的人，同樣一件事情都往壞處想，滿肚子思慮卻什麼都不說，氣死人！

甲木日主的人都喜歡有庚金的出現，一有庚金就有修整成器的作用，人也長的討喜，五官輪廓明顯，帥哥美女，行為舉止也有分寸，尤其秋天生的木更需要修剪枝葉來迎接冬天，但是太多也不行，金畢竟剋木，容易造成肢體的意外傷害，所以木人若發現自己命局中金多，一定要好好保養自己的骨骼、脊椎，因為你們先天上比較容易脊椎側彎、關節炎或僵直性脊椎炎，通常是你們給自己過多的壓力，熬夜生活作息不規律所造成，建議學習一門氣功、太極拳，多運動，心情一定要放輕鬆，好好當個快樂的人，別當機器人，你的身體在向你抗議呢！

凡是木人，本命如果有太多的金元素，例如在天干有庚、辛，地支多遇

申、酉，這時如果發現大運、流年、流月又再一次遇到金元素，請多注意意外傷害及肝腎的保養，女性要加強婦科的保健，不要熬夜，有個方式可以讓木女自我檢查，如果木過度受剋，或調養不當，通常就會妨礙胸部的生長，開始長青春痘，所以成長期切勿熬夜，不要吃冰，要保持心情的開朗，胸部自然會健康的長大。青春期的木女如有上述情形，建議可以買中藥的「加味逍遙散」來服用，這個找中醫健保門診就可以取得，同時讓中醫師把脈看診，他們會給妳們很好的建議與治療配方，不過調理身體要有耐心，自己的作息飲食也要配合，效果才會明顯。

十個天干：甲、乙、丙、丁、戊、己、庚、辛、壬、癸。和十二個地支：子、丑、寅、卯、辰、巳、午、未、申、酉、戌、亥。兩者相加組合起來會產生六十個組合，也就是六十甲子：

甲子、乙丑、丙寅、丁卯、戊辰、己巳、庚午、辛未、壬申、癸酉、

甲戌、乙亥、丙子、丁丑、戊寅、己卯、庚辰、辛巳、壬午、癸未、

甲申、乙酉、丙戌、丁亥、戊子、己丑、庚寅、辛卯、壬辰、癸巳、甲午、乙未、丙申、丁酉、戊戌、己亥、庚子、辛丑、壬寅、癸卯、甲辰、乙巳、丙午、丁未、戊申、己酉、庚戌、辛亥、壬子、癸丑、甲寅、乙卯、丙辰、丁巳、戊午、己未、庚申、辛酉、壬戌、癸亥。

所以每個人看自己的八字，就是由這六十個組合所產生，分別在年、月、日、時各有兩個字，一共有八個字（所以稱為「八字學」）。在日柱的部分就是你的日主（生命元素）。

以下就六十甲子，作者在網路搜尋名人的資料經歷，整理出六十甲子個別的名人生日紀錄，並把生日標註在人名之後，有興趣的朋友可以依資料打出這些名人的前六字命盤，依其個性專長分析，成名經歷對照大運，盛衰病死的過程細看研讀，相信對用功研究命理學的朋友們，會有很大的幫助。

甲木日主有以下幾種組合：

甲子、甲寅、甲辰、甲午、甲申、甲戌。

甲子

你的出生日是甲子日的人：

聰明溫和，善於做人，應對進退有禮，得長輩緣。建議找個性較具包容性的配偶結婚，自己建立小家庭，若是配偶與父母要住一起，需要事先溝通協調會較好，若是其他三個地支中見「午」字，建議盡量晚婚。有適當的火、土來搭配為人精明幹練、會做人、處事圓滑。甲子女的命局中只要水沒有過多，容易找到條件很好的伴侶。大致上喜行火、土與木運。忌金、水運（尤其命局中水多者尤忌）。

甲子日主出生人：宋慶齡（1893.1.27）、正田美智子（日本皇后1934.10.20）、王金平（1941.3.17）、王晶（1955.5.3）、張宇（1967.4.30）、徐若瑄（1975.3.19）。

甲寅

你的出生日是甲寅日的人：

心地善良，處事理智、聰明獨立，喜歡天干見火、土，若你發現你的其他三個天干不見火、土，建議可以加強人際關係及說話技巧，最好能學習一技之長。女命若其他干支見太多木（甲、乙、寅、卯），固執且不善理財，婚姻易有遺憾（尤其又行木運時）。大致上喜行金運（庚優於辛）火、土運。不適合幫朋友做保證人，易有損失遺憾。

甲寅日主出生人：鄭少秋（1947.2.4）、吳敦義（1948.1.30）。

甲辰

你的出生日是甲辰日的人：

在感情上有個特性，若婚前感情平順，則婚後易有波折，若婚前問題多而解決後成婚，則婚後漸入佳境，建議盡量晚婚為佳（如果其他地支見戌，婚姻易有波動，容易有二度婚的機會）。女性宜晚婚，男性得妻助（其他地支不宜再見辰、戌、丑、未，婚前感情是非變化多，而且若是地支多見辰、戌、丑、未人也比較容易鬱悶，心事多且不願說明）。甲辰日生的人心地好、性柔、厚道好相處，白手成家，天干見辛、庚有富貴，天干同時看見金、火透出，有能力才華，可任官職。夏天生喜癸、壬、亥、子、丑運，冬天生喜丙、丁、寅、午運。

甲辰日主出生人：、柯受良（1953.2.22）、歐陽龍（1960.11.12）、張學友（1961.7.10）、黎明（1966.12.11）、林俊傑（1981.3.27）。

甲午

你的出生日是甲午日的人：

除非日主過弱（就是其他六個字大多是火、土、金，少水與木來生或幫助日主，其他三個地支又見「子」來沖），通常甲午日人做事積極，肯上進，有企圖心，可以因為努力而得到成就。地支見寅、戌、辰這三個字的命主，在經濟上通常寬裕。男命異性緣良好，女命是有能力的職業婦女，事業與家庭之間可能要有所取捨。

喜金、水運。其他年、月、時不宜再見甲午，不利於婚姻，慎選對象，建議交往期拉長多觀察。

甲午日主出生人：梁實秋（1903.1.6）、余光中（1928.10.21）、許冠傑（1948.9.6）、王雪紅（1958.9.14）、小潘潘（1975.4.18）。

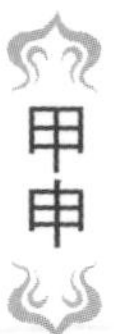

甲申

你的出生日是甲申日的人：

通常多俊男美女，尤其天干見庚、丙、辛、丁會更明顯，或行運時再遇見庚、丙、辛、丁運，那段時期就會有比較多人追求，受到大家的關注，容易有緋聞，但是也多疾病意外，宜注意意外事件，以及肝、膽方面的保養，女性要另外注意女性婦科方面的照顧，不要吃冰，否則容易有肌瘤、囊腫方面的症狀，且會有小腹。晚婚為佳。心思細膩，有領導能力，但有時比較沉不住氣，異性緣佳，如果與母親互動良好，有孝心，成就會更佳（因為得水印星來助，金生水，水生木，不會受到金直接的剋害）。甲申日有絕處逢生之說，每每遇到難題，就會有柳暗花明又一村之感，所以平常宜多廣結善

緣，多交益友，親近長輩，對你的人生會有相當的幫助。平常多做深呼吸，多接近大自然，不要熬夜，有事要說，不要鑽牛角尖，胡思亂想。

甲申日主出生人：貓王（1935.1.8）、鄭裕玲（1957.9.9）、惠妮．休士頓（1963.8.9）、妮可．基嫚（1967.1.20）、藤原紀香（1971.6.28）、郭書瑤（1990.7.18）。

甲戌

你的出生日是甲戌日的人：

善良溫和，人緣好，做事有計畫，盡量晚婚，建議有穩固的經濟基礎再論及婚嫁，年齡差距多一點較好（如果其他地支見辰、戌（大運、流年遇見亦是），婚姻易有波動、分離，而且若是地支多見辰、戌、丑、未比較容易鬱悶、憂鬱）。喜見癸、子、亥等字，冬天生也喜見丙、丁、寅。不喜刑沖剋運。（註八）

甲戌日主出生人：李小龍（1940.11.27）、張小燕（1948.8.17）、張艾嘉（1953.7.22）、鍾楚紅（1960.2.16）、藍心湄（1965.11.16）、古天樂（1970.10.21）、林志玲（1974.11.29）、謝霆鋒（1980.8.29）、汪東城（1981.8.24）、盧彥勳（1983.8.14）。

乙—花草（陰木）

春風吹又生……壓不死的雜草

乙是草本植物，同樣是植物所以乙木也喜歡陽光（丙）、水（癸）、泥土（己），只是乙木比甲木韌性堅強，能屈能伸。

但是庚金對乙木的作用就沒有相對甲木的重要，你試著拿一把斧頭去砍一株草，傷害與作用都不如砍一棵樹的大。

乙木柔軟，所以水的部分喜歡癸水多於壬水，畢竟你拿一個河川的水或大海水去灌溉一株小草會把它淹死，如果命局中壬癸水都出現，地支又出現亥、子，水淹草流，這時又沒有足夠的土來擋水，那就是氾濫成水災啦，現在有一種新的詞形容現代新新人類「自我感覺良好」，就是在形容這一類的小孩了。

水過多的草木，不能堅持己見，做事沒有恆心，依賴、驕縱，喜歡別人幫他做事，不容易有感恩心，如果又遇到縱容溺愛的父母，會培養出自私自利的人格，而且會把自己的錯怪到別人頭上，當他的朋友很容易變成王子病、公主病身旁的那名僕傭，莫名奇妙的被使喚著，如果你身邊有這種朋友，現在看到你的處境跟我寫的很像，該痛下決心斷絕損友。

如果，你發現自己的命格，很像上述一樣，不要氣餒也不要急著罵我，請你痛下決心，腳踏實地的學習，認真的工作（尤其是小事，不要老是希望別人幫你做），因為你生命中的貴人很多，很多人對你很好，只要你願意努力，平常多付出，最好假日去做義工，你是很容易得到資源而成功的人，小草最擅長的就是抓住任何一塊土地（機會），一抓住就不放手。

至於乙木對火的喜好，當然也是丙火（太陽火）優於丁火（燈火），不過如果生於寒冬，當沒有丙火照暖時，有丁火他就很滿足了，是個斯文有禮的淑女、紳士，有藝術才華及表演天分，但是火一樣不可過多，八字講究的是適量與中庸之道。尤其是夏天的乙木，如果火過多又沒有適當的水來調節，久了就會看到乾癟的枯草，沒有內涵，徒具外表，因為缺乏而慾望無窮，可惜又沒有能力與耐性去完成自己的許多夢想，很容易變成滿口嘮叨、抱怨的夢想家。

夏天的乙木如果地支可以看見辰、丑、己濕土，那麼乙木日主可以藉由口才與創意成為一個業務人才、主持人或從事商業的工作者；若是有寅、卯木在地支，可以做為乙木的根，或天干其他三字見一甲木，也可以經由兄弟、朋友麻吉的助力引薦、介紹、合夥等，得到自己的人生舞台。

這裡有個有趣的現象，當這些有益的字出現在何處，通常他就是跟你緣分特別深的人。例如你需要辰字，辰字出現在時支（就是你的八字年、月、日、時八個字中，最後一排的下面那個字），那麼你的小孩就是你歡樂與努力的動力與來源；如果你需要丑字，丑字出現在年支（就是年、月、日、時中，最前一排的下面那個字），那你的母親或祖母，必是疼愛你或給你最多資源的人，你們之間的互動與影響也是良性的。這樣說來，當你觀察你身邊的人、事、物，你可以思考何者對你是有幫助的，那麼他所在的代表位置

（年、月、日、時的天干或地支），通常就是你命局的喜字，這對你很重要。

如果你很有研究精神，可以在日常生活中注意這個字的出現（大運、流年、流月甚至是流日），如果統計發現那天都特別順利或好運，那你就要好好保握這個發現囉。學習命理，其實就是學習進退，行所當行，止於當止，把傷害降到最低，運氣不好時低調一點，運氣好時努力衝刺，把握自己的好運氣，抓住你的成功機會，如此而已。

「仁、禮、信、義、智」，分別對應於木（仁）、火（禮）、土（信）、金（義）、水（智）。

木屬性的人大多有仁慈的胸懷，乙木溫和包容，纖柔彈性，忍耐度佳，變通能力較甲木好，善於察言觀色，對拓展人際事務機靈，較有野心。有火的乙木健談，有水的乙木靈巧，有土的乙木熱情。（不過數量不宜超過2個，容易產生元素過多的缺點。）

如果遇見太多土的木，你會發現他處處留情，感情用事，因為他實在很難克制植物那種四處散播種子、生根發芽的原始慾望（甲木也一樣），土多的木通常對異性很有自己的一套辦法，所以如果你喜歡上命格裡土多的木人，就看看能不能睜一隻眼，閉一隻眼，別太折磨自己。

乙木人如果天干出現丙、丁，通常只要不是特殊格局，會是美女兼才女（男生也是帥哥兼才子），想像花草在陽光下搖曳生姿的美麗，有陽光的植物欣欣向榮，總能吸引大家的目光，但是如果你想要攀折它時要小心有刺喔，火多的木，口才好又聰明，有時會得理不饒人，他們很容易察覺你心裡的意圖。

木人如果八字配合得當，而身在演藝文化界、商業、業務、公關、設計行業時，通常行運遇到丙火、丁火、午運、巳運的時候，就是他發揮所長、發表作品，大放光彩走紅的時候，請好好把握！但是如果你的命格是以火為喜，遇到壬、癸水運或流年時要低調一點（水會剋火），這時會有是非損失，要小心！另外美中不足的是，這類型女命就不太利於婚姻經營，在事業與愛情中要有所取捨，這是許多職業婦女的難處，頗難兩全其美。遇到己、丑、辰、未、戌、戊運時，是賺錢的時機，好好把握！記得要儲存下來，才是真正屬於自己的，否則也是過眼雲煙而已。

乙木的柔軟度與交際能力一般比甲木好，若天干見甲，地支見寅，生命力更見強韌，很懂得運用人脈關係，通常會有雙重個性。

天干有庚字的乙木人（尤其庚的位置是在年、月時），內心總會有些矛盾衝突，因為從小長輩管教較嚴，跟乙木風來就倒，見洞就鑽，有牆就爬的頑強靈變特性互相抵觸，所以在從小到大的過程中，會有一些與長輩觀念上的溝通不良與衝突的成長過程，所以常常對自己的價值觀會產生一些矛盾需要調整，建議你們多跟好友聊出你們的心事，找到自己的平衡點，千萬別悶著，這樣只是把事情的爆點擴大，延誤你的成長，很可惜且浪費時間。

乙木日主有以下幾種組合：

乙丑、乙卯、乙巳、乙未、乙酉、乙亥。

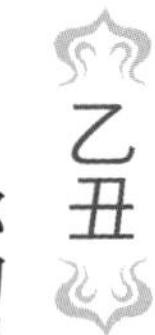

乙丑

你的出生日是乙丑日的人：

有能力，固執己見，善於思維、計畫，行動力略嫌不足，太愛面子會有損失。建議親近宗教，可以消除心中的雜思、慾念，女性建議晚婚，若其他天干多見丙火、丁火、戊土，有創意，是設計人才，容易是職業婦女，選對象或婆家要找可以包容妳的工作時間的為佳。男命可得賢妻、個性固執，有大男人主義傾向。喜運走丙、丁、寅、卯、戊、辰、丑、戌。男性多見土或土運，要注意桃花、婚姻的問題。運見寅字，注意第三者，家庭風波。

乙丑日主出生人：慈禧（1835.11.29）、柯林頓（1946.8.19）、瑪丹娜（1958.8.16）、關之琳（1962.9.24）、茱莉亞．羅勃茲（1967.10.28）。

乙卯

你的出生日是乙卯日的人：

通常是很可以堅持到底的特性，不管要轉幾個彎，他們總會到達，別小看他們的韌性。建議多思考，固執或許很好，但需知是否為善。對配偶易生不滿，獨立自主，很能堅持自己的信念和目標，第一次的感情不容易成功，見酉字容易有二次婚姻。命局中若多見甲、乙或行運再見甲、乙，不利婚姻經營，或容易介入較混雜的感情關係，宜小心選擇對象。喜行丙、丁、午、巳運。如命局已有適當水、火，也喜歡土運，可得財利，但要有儲蓄的習慣，否則財來財去，起伏頗大。不適合幫朋友做保證人。地支不喜歡見酉字，婚姻波折是非，受孕不穩或小產，受朋友連累。

乙卯日主出生人：金庸（1924.2.6）、鄭進一（1955.6.23）、金凱瑞（1962.1.17）、林憶蓮（1966.4.26）、蕭薔（1968.8.13）、王菲（1969.8.8）、連勝文（1970.2.4）、關穎（1976.7.2）。

乙巳

你的出生日是乙巳日的人：

天干要見壬、癸或地支要見子、亥其中一字才好（如果本命沒有，在讀

書時期遇到水運會較能靜下來讀書），乙巳日人大部分能言善道，但是若沒有適當的水來調適，通常在學習上較無恆心，表面或初見面好像很會說話，但是久了就會被人看出沒什麼實力。建議平時多行佈施，廣結善緣，多做運動，多接近有森林大樹的環境，注意身體保養。有風時勿駛盡帆，會招來禍端。錢財上要小心控管，容易大起大落。其他字若不見水，遇到庚、辛、申、酉運時有災劫，要小心謹慎！

乙巳日主出生人：徐志摩（1897.12.13）、李遠哲（1936.11.19）、鍾鎮濤（1953.2.23）、何篤霖（1965.10.18）、小小彬（2004.11.22）。

乙未

你的出生日是乙未日的人：

個性溫厚，朋友多，得人和，有異性緣，需增強自己的專長（如果不善於讀書的人，更要加強自己的一技之長），與家人不如與外人親，通常不缺財利，如果天干見甲或行甲運，地支見寅、卯，很適合做跟大眾有關的工作。有水來生者聰明，如果是夏天生者，要在命局裡有出現水才好，生命中會有助力，環境較佳，冬天生的人則喜歡火來照暖。

乙未日主出生人：香奈兒（1883.8.19）、孫運璿（1913.11.10）、曾志偉（1953.4.14）、王家衛（1958.7.17）、黛安娜（1961.7.1）、布萊德・彼特（1963.12.18）、劉青雲（1964.2.16）、王祖賢（1967.1.13）、那英（1967.11.27）、阮經天（1982.11.8）。

乙酉

你的出生日是乙酉日的人：

忍受困境與計畫的能力比一般人強，做事謹慎（最好其他字見癸、甲、子、寅、卯、壬），其他字不宜再見庚、辛、申、酉，容易受傷、意外，嚴重時（運又再遇庚、辛、申、酉），會有傷殘大災。選擇另一半時要小心對方的人品、脾氣。建議找伴侶時可以拉長彼此了解的時間，多觀察對方的脾氣（最好吵過架，了解一下對方生氣失控時會是什麼模樣），不要太倉促成婚。建議晚婚。

乙酉日主出生人：星雲大師（農曆1927.7.22）、海珊（1937.4.28）、秦漢（1946.7.10）、歐普拉（1954.1.29）、周杰倫（1979.1.18）、碧昂絲（1981.9.4）、林依晨（1982.10.29）。

乙亥

你的出生日是乙亥日的人：

好相處，個性溫和，外緣佳，沉靜，理性，容易因為想太多而錯失良機，有事要說出來與人商量，別悶在心裡。建議晚婚，地支見巳、午，容易有二度婚姻的機會，避免涉入複雜的感情關係。夏天生的人喜歡天干見癸、壬，可以得到長輩、貴人的助力。冬天生的人喜歡天干見丙、丁，表達能力會比較好，且擅長才藝有繪畫、設計、藝術、表演方面的學習能力。體質容易水腫不宜憋尿，要注意泌尿道的保養。

乙亥日主出生人：鍾欣凌（粉紅豬1972.8.12）、楊千嬅（1974.2.3）。

給木人的叮嚀：甲、乙木人要審視自己的運勢，其實有一個簡單的方法，木管肝、膽、眼睛、筋骨、脊椎，觀察肝、膽氣的盛衰，可以影響一個人的思考謀慮、膽識勇氣，判斷是否清晰、果斷，木人宜養肝、腎，勿熬夜、少喝酒，早睡早起，生活有序，整個人神清氣爽，運氣自然順暢。若發現身體容易疲倦，筋骨痠痛發生疾病時，甚至近日常有交通意外，手腳受傷擦傷，則是運勢衰微時，投資做事就要低調謹慎，多一事不如少一事，等一切平順再做定奪，自然可以趨吉避凶。祝福愛惜自己的木人。建議可以誦唸「南無藥師佛」！對你的事業、家庭、財富、健康都有幫助。

丙—太陽之火（陽火）

這個朋友有一種溫度……

陽光丙火是個討喜的角色，日主丙火不管男、女大都有一個陽光的個性及外表，除非五行配置真的很離譜，通常是個不錯的朋友，溫暖而關懷，感情豐富，積極樂觀開朗，熱心助人，有時太過雞婆，在團體中是個領導者或潤滑劑，很重視人際關係。

仁（木）、禮（火）、信（土）、義（金）、智（水），火屬性禮，凡是屬火的人（丙、丁）有禮大方，應對進退舉止恰當，有時會讓人覺得有點拘謹做作。大部分火人很重視自己給別人的印象，有沒有太邋遢，會不會沒禮貌，得失心強。

丙火本身有源源不絕的熱力散發，但到了晚上就是他休息的時候，大部分的丙火生活規律正常（也最好正常，否則日夜顛倒自身會很混亂，因為你是太陽不是月亮）。重視成就感，喜歡自己是個有用的人。「創造自己的被利用價值」這種話應該就是丙火說的。

丙火很有宗教緣，許多火人從小就因為家庭因素接近宗教，或剛好住在廟宇、佛寺、教堂附近，有部分火人甚至有靈媒的體質，適合做靈屬性的工作，例如乩身、靈媒、傳教士、神職工作人員。建議火人（或天干多見丙火、丁火的人）可以主動參加義工、志工團體，不但可以擴展人脈，增廣見聞，還可以讓自己的熱情與活力有一個很棒的伸展舞台，同時又是培植福德，增加自己的能量的好方法，別怕付出，要知道能量是循環的，付出與得到是個圓。

丙火喜歡壬水來平衡，有人會覺得水剋火有什麼好平衡的？因為壬水是江湖洪海之水，一個在天，一個在地，兩者搭配呈現一片湖海光天的美麗場景，燦爛的陽光在汪洋的水面上金光淋漓，那是令人讚賞而炫目的。壬水會讓丙火有一種反射的回應，喜逢知音之感，兩人至少會是談天的好對象，丙火人會覺得壬水人可以激發他的一些思考與想法。但過多的水也是不適當，

喧賓奪主。

丙火女天干有壬水，很有異性吸引力，通常是偏向一種冰山美人，比較拘謹型的美麗，但是如果水過多超過2個以上，那就反而不好，容易遇到性騷擾侵犯，且早婚不利。如果本身已經水過多，遇到水的大運、流年要小心保護自己，陌生的地方盡量不要單獨行動，避免與異性單獨相處，身體容易受傷，一定要謹慎保護自己，即使是平常熟識的朋友或男性長輩，也要保持距離。平常要多運動，多接觸大自然，到有許多樹木的公園走路散步，對妳的健康、氣色會有很大的幫助（尤其是低血壓的人），水過多丙日主過弱，同時也要注意精神上的調養，家人要多付出關心，精神的穩定上若常有失控焦慮的情形，建議要主動找精神科醫生，及早治療。

適當的木讓丙火靈秀，木火通明的人文采通順，很會讀書，在功課上得心應手，但木不宜多，過多就燥，反而變得固執性急，腦袋常塞車，嚴重的會愚魯冥頑變得鑽牛角尖了，且給自己的壓力過大容易造成憂鬱症。

有土地陽光就會照耀而讓萬物生長，有土會讓陽光活耀有發揮的空間，丙火人遇土運（戊、己），通常是他最有舞台表現的時候，可能身居要職，有所發揮，如果是演藝、文學、創造事業就是大放光芒的時候。遇到金運（庚、辛、申、酉）是賺錢的時候，尤其是丙火人月干是辛（就是八字裡第二排上方的字是辛，第三排的字是丙（日主）），只要日主本身不要太弱，大都會在土運「通關」時得到富貴（通關：日主丙是火，旁邊有辛是金，丙辛為五合，辛是丙日主的正財，所謂財來遷就我，遇到土運時，三者形成丙火生土運，土運生辛金的相生通關情形）。有水讓陽光有所調節不會過於燥熱，做事有節制與規劃，當然任何配置都是要求恰當，不管什麼元素皆是如此。

丙火日主有以下幾種組合：

丙子、丙寅、丙辰、丙午、丙申、丙戌。

丙子

你的出生日是丙子日的人：

做事有計畫，精明有能力。女性容易找到好的配偶（但要避開戊、己土運，地支不宜見午字來沖或卯字來刑）。

地支見午有雙重個性，如果午是出現在年、月支，在學習上容易波折，家長要多費心，丙子日見午不管男女皆建議晚婚。

丙子日主出生人：陳菊（1950.6.10）、吳念真（1952.7.29）、楊紫瓊（1962.8.6）、梁詠琪（1976.3.25）、孫芸芸（1978.5.14）。

丙寅

你的出生日是丙寅日的人：

身體健康，專注執著，多長壽。丙寅日主的人大多開朗樂觀，熱於助人，在團體中有影響力，能堅持自己的信念，本命見庚、辛、酉、申或行運遇到，容易得到財富（出現申字的錢財容易來來去去，因為與寅沖剋，同時也會影響到姻緣的穩定性）。在天干出現戊、己的丙寅人，有才華，口才好，聰明反應快，但有時鋒芒太露易招來嫉妒，天干出現戊、己的丙寅人如果是出現在年干或月干，求學時較為貪玩，父母要用心管教，有足夠的學歷與內涵，才能造就真正的人才。

丙寅日主出生人：希特勒（1889.4.20）、張忠謀（1931.7.10）、史蒂芬．史匹柏（1946.12.18）、羅霈穎（1959.8.12）、葉蒨文（1961.9.30）。

丙辰

你的出生日是丙辰日的人：

為人善良，個性溫和，有長輩緣，對老人有禮貌，能得貴人幫助，遇事情有時不願表明，容易招來誤會，命局中水多的丙辰不宜再見壬辰的流年或大運，會有是非變化，女丙辰要注意婚姻感情的問題，男丙辰要注意工作轉換的挫折。

丙辰日主出生人：美空雲雀（1937.5.29）、賈伯斯（1955.2.24）、殷正

洋（1961.1.23）、于美人（1965.3.3）、徐子淇（1982.11.29）。

丙午

你的出生日是丙午日的人：

雙重個性，外表開朗大方，內心常有掙扎，宜注意理財投資，野心大容易不當過度擴張。建議晚婚，選擇獨立性較強的配偶，交往時間拉長，多觀察彼此的興趣是否合適再論及婚嫁。運勢強，樂於助友，喜金、土運有助財利，大運、流年遇到子，注意婚姻感情的糾紛、桃花劫。不適合幫朋友做保證人。

丙午日主出生人：倪匡（1935.5.30）、瑪麗亞．凱莉（1970.3.27）、劉亦菲（1987.8.25）。

丙申

你的出生日是丙申日的人：

有意外之喜，容易得驚喜小財（例如摸得好彩禮物），男人容易娶得有資產的妻子（嫁妝豐富，但是其他地支有寅字的人例外，有寅字是非變化多，晚婚可改善）。有文昌星，丙申人喜歡研究學問或有某一項偏好，對自己要求高，略有完美主義。逢壬運或流年，精神壓力大，宜重視身體、精神的照顧與保養，家人要多體貼關心。

丙申日主出生人：俞國華（1914.1.10）、劉泰英（1936.5.14）、梁朝偉（1962.6.27）、利菁（1962.10.25）、劉嘉玲（1965.12.8）、陳幸妤（1976.8.12）、楊宗緯（1978.4.4）。

丙戌

你的出生日是丙戌日的人：

對外性情溫和，應對有序，工作能力佳，對內性情不定，婚姻易有口角，主要是火坐火庫，許多悶氣壓抑心中，沒有適當宣洩，建議多運動，練習深呼吸（腹式呼吸法：吸入時腹部隆起，停約5~15秒，依個人舒服度而定，呼氣時腹部縮入，盡量吐盡氣），命局內火多（多見丙、丁、戌、午、寅、未），容易得皮膚搔癢乾燥的症狀、便秘、憂鬱，命局內水多（多見壬、癸、子、辰），身體水火不調衝突，女命容易有婦科疾病、躁鬱，體力不佳，建議找中醫師調養身體，悶在體內的濁氣不調，容易生腫瘤類疾病、痔瘡。建議多到戶外走動，參加義工團體，保持身心健康平衡。

丙戌日主出生人：黃百鳴（1948.6.30）、大衛・考柏菲（1956.9.16）、毛舜筠（1958.11.5）、梅艷芳（1963.10.10）、宋新妮（1977.1.29）、孫燕姿（1978.7.23）、小賈斯汀（1994.3.1）。

丁—燈火、爐火（陰火）

他的一生總會為某一項事物燃燒、執著……

爐火帶來溫暖，可以煮食、燒水、取暖、照亮一室光明，有實用性。日主丁火的人知禮敬長，熱愛他所愛的人。

火性人都是急性子，但是丁火有時是屬於悶燒型，心急如焚，卻讓你看不出來，因為他很講究禮貌，不喜歡得罪人。除非木多且配置不當，木生火火氣過旺，才會形諸於外。當他把你當作好朋友時，有時會過於干涉，如果又遇到火過旺，碎碎唸的功夫是一流的，而且你不可以不理他，除非你不打算要這個可愛但又有點可怖的朋友了。

仁（木）、禮（火）、信（土）、義（金）、智（水），火屬性禮，凡是屬火的人（丙火、丁火）有禮大方，應對進退舉止恰當。但是丁火的燃燒是有目的性的，不像丙火的大愛無私，丁火通常有所為而為。如果你是他們身邊的人，可以直接受益，不會像在丙火身邊，有時你會覺得他（丙火）對每個人都一樣好，甚至花在別人身上的時間比在你身上還多；丁火的付出大部分範圍是由小而大，身邊的人會明顯感受的到，有時還會吃不消，壓力太大，尤其是天干見乙，或地支見卯的丁火人，他很細心，但也非常敏感，有時候你會感覺到他們很適合去做偵探，但相對的他也很容易受傷，命盤中最好有適當的土來調節「辰、戌、丑、未、己、戊」，有土他至少會把心事說出來，願意說出來事情就有轉圜的機會，這時候，千萬要非常有耐心的聆聽，不可表現出些微的不耐煩，很重要喔！

丁火需要甲木來燒才會旺，適當的木讓丁火源源不絕，而甲木需要庚金斧頭劈開才好生火，但木不宜多，過多就燥，性烈易怒，不聽忠告。

屬火的人較容易有心血管的疾病，腸胃也容易不好，情緒的控制與掌握是很重要的，建議可以上一些情緒管理、幽默表達的課程，對自己對人際都有相輔相成的幫助。但丁火遇到乙木就不一定是好，先要看這乙木是乾的還是溼的（如果是冬天水又多就容易是濕木），你想像拿草木去引火，除非那草已經乾枯好引燃，否則一定會引來濃煙，這時你會被濃煙遮住視線，不小心還會被嗆傷，如果遇到命局中濕木過多的丁火人，要有耐心，他很容易鑽牛角尖，心思細，想法百轉千折，有心事又不太願意說，有這樣的孩子父母要多一點耐心、愛心，平常要多引導他說話，養成他有事願意說的習慣，關心他的交友情形，這種類型的丁火人很重視朋友，而且不分性別，父母不要主觀的以為是談戀愛的異性朋友，要相信自己的孩子，主動溝通了解，才不會因為誤會而造成不希望發生的事情，教育的時間應該盡量用在事前的溝通，而不是事後的後悔解釋。

天干見甲、庚的丁火很優秀，通常這樣的丁火有禮、慈悲、明智，頭腦清晰，待人誠懇幽默，如果地支有適當的土，只要父母給予適當的栽培與用心，日後必能有所成就。

火人大部分口才好，反應佳，因為火人在五行中遇到土的機會多，天干地支共二十二個字，土元素就佔了其中六個，「辰、戌、丑、未、戊、己」，而其他地支的字元中也常包含有土元素，土元素是火人的食神星與傷官星（後面會提到星性解釋，可以去查看），食神星與傷官星所掌管的就是口才與表演，創意與機智，所以火人只要好好栽培加上自己的努力，通常可以有不錯的表現，努力很重要，凡事有一利必有一弊，因為，食神星與傷官星也掌管享樂與懶惰，所以雖然聰明卻要注意不可投機取巧，以為抄小路走捷徑就可以成功，最後只會落了個浮華的空心大佬官，不上不下跑龍套的下場，最糟的是不懂反省還怨天尤人，那就無解了，別人想拉你一把，還會被你多疑嫌棄（如果你處於這個階段趕快醒醒吧！呼吸一下新鮮空氣，深呼吸對火人很重要，請勤練腹式呼吸（註十一），讓你的腦袋清醒一點，自艾自憐徒然浪費時間，趕快死皮賴臉的找到自己的舞台，火人是必須站在舞台上發光發熱的！），請你還是要腳踏實地，充實自己的內涵，成功的果實才會紮實。

作者在收集命例的過程中，發現一個有趣的現象也是巧合，目前台灣有名的主持人，就有很多位是丁火人，例如：胡瓜是丁巳日、吳宗憲是丁卯日、陶晶瑩是丁丑、徐熙娣（小S）是丁未日、李明依是丁亥，這幾位主持人都是以機智口才好，幽默反應快聞名，當然調侃人的功夫也是一流，所以，身為丁火人的你，一定要相信自己，只要你願意，你一定可以找到屬於自己的舞台，當然本命有土，或行到土運更是錦上添花了，前提是請一定要加強自己的實力，在學習階段切勿貪玩，好好把握自己的人生。

丁火的悶，只要身邊有丁火的朋友一定很容易感受出來，他時常讓人誤以為他很安靜（就是惦惦吃三碗公那型的），但是一旦有事，或者已經玩開來了，你又會覺得他比任何人還投入，甚至拼命，因為，他既然燃燒了，就要看到成果。他不是丙火陽光，有源源不盡的熱源，他需要一個能量轉移的代價，否則當燃燒過後，曲終人散，他會有很強烈的失落感。也因為如此，你會以為他平常有點冷，其實聰明的丁火，要懂得保持實力，他的火力是爆發性的，任務性很強，丁火人要保持適度溫和的運動，讓自己有很好的體力，最好可以學習一門調息的內功或外功，靜坐、數息、腹式呼吸法、太極拳、瑜珈……等，丁火的人氣穩則神閒，如果你是丁火，沉不沉得住氣，是你人生的關鍵。

最不理想的丁火就是嘴賤無制，言不及義，做事有頭無尾，如果發現有上述情形，一定要趕緊充實自己的內涵，已經脫離學校的，可以多參加一些技藝學習，或去參加空中大學，或去讀夜間部，請教一些專業人士的看法，諮詢張老師、社教團體，切莫虛度光陰，丁火人願意努力，一定可以成就一番事業，不要放棄自己，也不要看輕自己，星星之火，可以燎原，「加油」！「加油」！

丁火日主有以下幾種組合：
丁丑、丁卯、丁巳、丁未、丁酉、丁亥。

丁丑

你的出生日是丁丑日的人：

善於表達，溫和循序漸進的逐步爭取，財運好，中晚年有積蓄，喜歡美食。感情路前有波折後漸順遂，不適宜早婚，男命配偶要注意保養身體，女命較為家庭付出，冬天生人要多注重身體保養，心臟、血管方面較弱，三餐要定時攝取，追求金錢之餘，要兼顧精神及家庭的平衡。

丁丑日主出生人：胡適（1891.12.17）、辜寬敏（1926.10.15）、殷琪（1955.3.17日）、嚴凱泰（1965.5.23）、陶晶瑩（1969.10.29）、汪小菲（1981.6.28）。

丁卯

你的出生日是丁卯日的人：

聰明敏感，對身邊的人、事、物有敏銳的觀察力，好問喜歡學習，凡事抱持懷疑的態度，不容易相信別人，說話宜謹慎，不小心容易得罪人。冬天生者體質精神較弱，女性易有婦科疾病，貧血氣虛、心悸體力較差，見酉字，婚姻波折是非，與母親緣分較淺，受孕不穩或小產，建議練習氣功、太極拳，平常可以做腹式呼吸（請參考丙戌日，第60頁），找中醫師調理身體。早年運勢不佳，中年後漸入佳境。對感情總有缺憾不滿足感，思慮過多，過度要求完美，建議晚婚。

丁卯日主出生人：吳宗憲（1962.9.26）、李麗珍（1966.1.8）、林志炫（1966.7.6）、樂基兒（1980.8.22）、陳嘉樺（Ella 1981.6.18）。

丁巳

你的出生日是丁巳日的人：

聰明靈巧，反應敏捷，創意點子多，如果環境適當栽培，可以有某一方面的成就。表面溫和，內心多疑，雙重個性，自我矛盾衝突。累積小財莫名花大財，常有意外支出，要學習理財，喜歡結交朋友，有人緣，但是要注意選擇朋友的素質，投資宜謹慎，不適宜借朋友錢或作保，小心人財兩失。建議為自己存一個老年基金（平常絕不可以動用，不管任何理由）。感情多是非，多疑多慮，吵架時容易口不擇言，造成遺憾後悔，慎防順口言。地支不宜見亥，多是非波折，建議晚婚。

丁巳日主出生人：方芳（1954.5.1）、胡瓜（1959.6.4）、呂方（1962.1.19）、郭泰源（1962.3.20）、田馥甄（Hebe 1983.3.30）。

丁未

你的出生日是丁未日的人：

生命中多貴人相助，勇敢講理，聰明義氣，心思細膩，體貼，有意外之福。第一次感情比較不容易成功，婚前感情挫折，婚後生活幸福；婚前順利，婚後則較多是非，四十歲左右有挫折風波，建議那段時間多關心配偶、家人，有時是婚姻是非，有時是破財消災。

丁未日主出生人：吳孟達（1952.1.2）、松田聖子（1962.3.10）、陳慧琳（1972.9.13）、李李仁（1974.1.6）、徐熙娣（小S、1978.6.14）、章子怡（1979.2.9）。

丁酉

你的出生日是丁酉日的人：

一生高低起伏，生活精彩。錢財進進出出，感情豐富，有意外之財，多貴人，也常當別人的貴人。喜歡忙碌充實的生活，對家人、親友慷慨，捨得付出。人際關係好則機會多，善於掌握機會，製造機會。女命較為家庭付出，男命較為風流。地支見卯字，婚姻是非波折，容易有婆媳問題。

丁酉日主出生人：毛澤東（1893.12.26）、李宗盛（1958.7.19）、江蕙（1961.9.1）、張雨生（1966.6.7）、濱崎步（1978.10.2）、張柏芝（1980.5.24）。

丁亥

你的出生日是丁亥日的人：

外表溫和忠厚，得人緣，做事有計畫，有野心，中年後運勢漸佳。學有專長，可以託負重任。夏天生中年運好，冬天生中老年運轉好。努力工作之餘，建議多注重身體保養，珍惜與家人、妻小相處的時光，關心配偶與家人的互動情形。地支見巳易有二度姻緣，建議晚婚，把交往時間拉長，多觀察認識彼此後，再步入禮堂。冬天生人或命局金、水多者，多注意心臟、心血管的保養，請多運動多接近大自然。

丁亥日主出生人：王永在（1921.1.24）、吳伯雄（1939.6.19）、三澤光晴（1962.6.18）、李明依（1966.5.28）、陶喆（1969.7.11）、徐靜蕾（1974.4.16）。

給火人的叮嚀：丙、丁火人要審視自己的運勢，其實有一個簡單的方法，火管心臟、小腸、心血管疾病，觀察心臟、小腸的健康情形，可以影響一個人的心情、EQ，是否包容有雅量、明理溫和、情緒穩定。火人宜養心、腸，有好心腸就有美好的人生，火要照耀，才能顯現有用，火人要多行善助人（建議可以每個月做義工或參加慈善團體），把自身的光芒放射出來，付出才會傑出。少吃油炸物，別吃反式脂肪類的食物，注意心血管的通暢與保養，運氣自然順暢。若發現心臟無力、心悸、貧血，容易疲倦，臉色蒼白，血壓不穩定時，甚至近日脾氣暴躁容易失控，便秘，則是運勢衰微時，投資、做事、說話就要低調謹慎，多一事不如少一事，等一切平順再做定奪，自然可以趨吉避凶。祝福愛惜自己的火人。建議可以誦唸「南無地藏王菩薩」！對你的事業、家庭、財富、健康都有幫助。

戊—堤防高土（陽土）

愛是恆久忍耐……

戊、己皆屬土，只是一個是燥土（戊），一個是濕土（己）。

大自然裡像高山、丘陵、堤防皆需燥土來集成，它有堅固不易動搖的屬性，內含豐富的元素而且可以生出很豐富的礦產。濕土則較為柔軟，像湖、海、沼澤旁的濕泥巴，雖不能生金卻可孕育萬物，花、草、樹木、蟲蟻皆須濕土的滋養與保護。

土性的人通常沉著忠厚，固執不易變通，有原則講信用，包含力與容忍力強且耐性極佳。

但是若土過多時則執迷不悟，頑固不化，拿榔頭也敲不動，打不醒，堅持一錯到底。土過少水太多時又像爛泥一樣塗不上牆，不通事理，不能交付重任，朝令夕改，懦弱善變，完全沒有著力的位置。

窮通寶鑑描述土：「無丙（陽光），萬物不生；無癸（雨露），萬物不長；無甲（植物），戊土不靈。」

有樹木的土才有作用，做事有規矩、有計畫，腦袋也會聰明，邏輯性較佳，土人不見木，數理方面會較差；有陽光的土做事有方法，實踐力強，即知即行，不會拖泥帶水；有水的滋潤土才會柔軟，做人不會硬梆梆，圓融人情事故。

土性人善於照顧別人，感情豐富，卻不善表達，常遭人誤會，土中包含萬有，心事常藏在心裡，己土比戊土多疑，他肚子裡的東西很難挖掘，就算挖到你也要費一番工夫才看的清楚，土人情緒容易累積，所以在他身邊的人常會為他莫名奇妙的爆點感到疑惑，其實他是秋後算總帳，並不是只跟你發單一事件的脾氣，這點你要清楚，才不會搞不清楚狀況，土人喜歡收集、購買、囤積東西，尤其命局中還有明顯的其他土（戊土、己土、辰、戌、丑、未）還有金時（庚金、辛金），常會不小心就買了一堆他喜歡或便宜，但是卻不常用到的東西。

隨著出生季節的變化所需要的元素也要適當的調整，熱時需要多一點水滋潤灌溉，冷時需要陽光來照暖，要控制口腹之慾，土人易胖，宜注意腸胃保養，要多吃一些綠色蔬菜、水果，容易便秘或得到腸躁症。

土人通常很有異性緣，因為許多元素都需要土：木要靠土著根；金要有土才能生長；水要土來環繞蓄積；火喜歡土讓它照耀；而土人也喜歡有同伴來相挺成為大地。所以大部分的土人身邊會有各種不同類型的朋友，很聯合國，大都是朋友來找他（大部分的土人較懶），但是，土人要學習拒絕，而且要明智擇友，不要硬被人慫而答應了什麼承諾，還堅持要信守，學習變通是土人的第一要務。

土女在天干見庚、辛，或地支見申、酉，通常有婀娜的身型，曼妙的儀態，麻雀雖小五臟俱全，所以許多土女很早就有異性追求，加上土需要的元素比較綜合性，土人要聰明需要足夠的水、木、火、金來調和，還要依季節調整，所以很多土女憨直、固執，喜歡上的東西，就會執著，這也是很多男人喜歡土女的原因，好騙、單純。但是如果天干同時見辛、己、水（壬、癸），或多見土（戊、己），地支見酉、丑、未、辰、戌（同時有辰戌或丑未），這樣的土女要克制物慾，學習理財，切記！切記！女人的美麗是有時間性的，要學習買會有增值空間的東西，例如基金、黃金（要存放在保險箱）⋯而不是過幾年就會壞掉的衣服、鞋子、名牌包包⋯⋯。如果做得到，土人可以多增廣自己的見聞與知識（學歷），多到各處遊走，才不會一成不變，故步自封。

戊土日主有以下幾種組合：

戊子、戊寅、戊辰、戊午、戊申、戊戌。

戊子

你的出生日是戊子日的人：

男性易娶得良妻。做事穩當，喜歡積蓄金錢，有點吝嗇，大部分可以成為小富翁、小富婆。女性較為家庭付出，做事專注有幹勁。有異性緣，對工

作有熱情。對配偶有責任感但少了一點情趣。

戊子日主出生人：鄧小平（1904.8.22）、李登輝（1923.1.15）、吳君如（1965.8.2）、曾寶儀（1973.2.21）。

戊寅

你的出生日是戊寅日的人：

活潑好動，聰明機靈，善於掌握機會，得到成功，但忌諱鋒芒太露，會招來意外是非。命局中見申、酉或流年大運遇到申、酉二字，生活中會多是非波折，個性自我衝突缺乏安全感、容易暴躁，女命為小孩、配偶、感情的事情煩惱操心，遇到申、酉男女命情慾慾望較重，宜修身養性，接近宗教或心靈修行。

戊寅日主出生人：張大千（1899.5.10）、江澤民（1926.8.17）、紀政（1944.3.15）、張菲（1951.12.4）、白冰冰（1955.5.17）、麥可．傑克森（1958.8.29）、高金素梅（1965.9.21）、蕭敬騰（1987.3.30）。

戊辰

你的出生日是戊辰日的人：

有自信、意志堅定，一旦決定事情，不容易改變心意，固執善良，有時因為鋒頭太健而招惹是非，常為朋友、兄弟的事情惹來麻煩，喜歡熱鬧，常有交際應酬，配偶宜選擇獨立性強的人，或者年齡差距多一點，可以互相包容。不適合幫朋友做保證人。

戊辰日主出生人：艾森豪（1890.10.14）、宋楚瑜（1942.3.16）、蔡琴（1957.12.22）、李玟（1976.1.17）。

戊午

你的出生日是戊午日的人：

聰明伶俐（除非其他字土過多時才會例外），反應快，個性堅強，通常會有某一方面的專長。有宗教因緣，建議可以選擇一個自己有感應的宗教信

仰，平常可以多去自己的宗教場所走動，尤其是突然感到寂寞失望的時候。大部分時間溫和有禮，但是有時會突然有一些叛逆的想法，有點雙面人，通常會隱藏狂放部分的自己，只有親近的人才會察覺。男性有異性緣，有時因為親切而讓異性會錯意，產生一些麻煩，請盡量避免曖昧關係。

戊午日主出生人：郜智源（1965.5.4）、言承旭（1977.1.1）、周渝民（1981.6.9）。

戊申

你的出生日是戊申日的人：

聰明有才華，有點貪玩，會對正科以外的學習有比較多的興趣，活潑人緣好，有意外的好運，好奇寶寶，有點八卦，缺乏耐心，無法長時間定點學習同一事物，創意佳，可以走才藝、設計路線。女性若命局中見寅字，婚姻多波折，建議晚婚，大運流年遇到寅字也要注意婚姻變故，意外災害，錢財損失（男命也是）。喜歡說話，小時說話可以訓練栽培，但要加以注意其措辭與節制（分辨場合）。

戊申日主出生人：辜振甫（1917.1.6）、胡錦濤（1942.12.21）、蘇貞昌（1947.7.28）、木村拓哉（1972.11.13）、貝克漢（1975.5.2）。

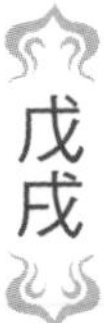

戊戌

你的出生日是戊戌日的人：

有才華容貌佳，但要小心口腹之慾別讓身材走樣，容易便秘，建議多攝取蔬菜、水果，少吃牛肉、羊肉，或容易上火氣的食物（油炸、麻辣），多喝溫開水，這樣身體會較為清爽。有時不吭一聲，有時說話太直接傷人，個性有點極端，尤其火過多時（丙、丁、午、戌、未），會有情緒上的問題，與家人的緣分較淺。早年父母可以引導接近宗教，對心性的穩定會有幫助，個性也會較為祥和，魁罡日，個性剛毅明敏，宜多親近宗教信仰，不適合殺生為業，盡量別吃牛肉，事業、財運會較不順，婚姻也多波折或配偶多病。女性有幫助另一半的才華與能力，但是個性要溫婉一點，婚姻才會平順，找伴侶要找脾氣好一點的對象，男性偏向大男人主義。不適合幫朋友做保證人。

戊戌日主出生人：三島由紀夫（1925.1.14）、釋證嚴（1937.5.11）、劉雪華（1959.11.12）、蔡康永（1962.3.1）、陳孝萱（1970.7.17）、舒淇（1976.4.16）、羅志祥（1979.7.30）、楊淑君（1985.10.26 跆拳）。

己—田園之土（陰土）

來者不拒的大地……

己土是田園濕土，你看過農田就會深感大地的包容與偉大，它可以孕育萬物，生長出來的蔬果又可以滋養生靈，你可以在土地上面嬉鬧玩耍，玩泥巴、扮家家酒，也可以深耕種植，翻土、播種、施肥，它總是默默的承受下來，無所不包容的大地之母。所以，大部分己土人有一個包容的胸懷，通常是個好聽眾，好像跟每個人都可以做朋友（但是其實有時他也覺得挺煩的），如果有戊土、己土、庚金或辛金同現天干，就會很喜歡跟人聊天、談八卦，有點人來瘋的個性，但卻是一個很好的公關交際人才，配合適當的水、木、火運，會有很好的發展。這時你會想，那不就什麼都有了，金、木、水、火、土都出現了，這麼說吧，己土的特性很有趣，除非某個元素太多，否則他像個老好人，什麼都好，這個加一點，那個添一些，比較怕水太多，水太多變成了爛泥，爛泥的人沒有人生方向，如果本命水多加上行運又遇到，會對人生感到很茫然，好像什麼事都不順，陷入泥沼般難受。這時千萬別再喝酒玩樂無度（又自己增加水，而且是不好的水），甚至酗酒、毒品，會發生很不好的事情，情緒失控，容易做出讓自己後悔的事情，對自己後面的運勢會更不好。這時最希望丙火或午火運來幫忙（未土或戌土也可以，因為未、戌是乾燥的土，辰、丑是濕土），丙火帶來陽光溫暖並把過濕的土曬乾，在人事上的貴人是長輩，有事要找長輩或長官商量，不要自己悶頭亂搞。

己土的人總喜歡和平，自尊心強，能忍耐的時候總是不希望把事情鬧大，所以己土的優點是忍耐，缺點也是忍耐，畢竟，有些事可以忍耐、拖延，有些事不可以。己土身邊的朋友有時候會被他突然的爆發嚇到，或等到他告訴你他的遭遇時覺得很傻眼，因為你完全不會察覺，他很善於包覆、隱藏自己的心事，有些表面的和平，其實是委曲求全的假象；很多看似水到渠成的成功，不知經歷過多少嘔心瀝血的反覆練習與努力。

己土最喜歡植物（乙木、卯、甲木、寅），一塊土地種了植物才會生長出有價值的東西，土質裡的養分才能被有效的吸收運用，己土人只要其他的七個字裡有適量的水分（癸、子、亥、壬）、溫暖與陽光（丙、午、巳、丁），當行運遇到乙、卯、寅、甲時，通常都是他創業開拓有所成就的豐收時期，因為植物結果了就收成囉！或者是出現庚、辛、申、酉金運時也是，你想像土裡挖出金礦時，當然很令人高興囉！這一般是事業有所發展、發表作品、得到演出或提升的機會的時候，適合接洽業務，大放異彩的良好時機。夏天或火太多的土喜歡水來調節，夏土遇水運有財利，冬天或水太多的土喜歡火來溫暖，冬土遇溫暖是學習新知遇到貴人的機運。

己土女跟戊土女一樣，只要在天干見庚、辛，或地支見申、酉，通常就有美麗的身材，玲瓏有緻，麻雀雖小五臟俱全，所以許多土女很早就有異性追求，也比較容易因此而早婚。己土女生結婚後很重視經濟的穩定，有小孩後更是得失心加重，所以建議結婚前考慮好雙方的經濟條件，規劃好生孩子的時間與數量，想與土女結婚的男生也該在這方面好好評量，這對日後生活

的穩定性、長久性會有幫助。

己土日主有以下幾種組合：

己丑、己卯、己巳、己未、己酉、己亥。

己丑

你的出生日是己丑日的人：

有福氣，溫和善良好脾氣，廣結善緣，有時很活潑，有時突然不愛說話，男性異性緣較好，婚前感情生活比較豐富，女性偏向職業婦女，建議晚婚或找個性包容度較好的男伴。命局中若多見（辰、戌、丑、未），個性較為陰晴不定，有憂鬱傾向。不適合幫朋友做保證人。

己丑日主出生人：太虛大師（1890.1.8）、孫道存（1949.8.27）、藥師丸博子（1964.6.9）、張信哲（1967.3.26）、林志穎（1974.10.15）、蔡依珊（1979.5.22）。

己卯

你的出生日是己卯日的人：

自我要求，自治、自制能力好的人，私下嚴肅，外現活潑，容貌佳，有領導才能，除非見酉金來剋則命運較多掙扎，須比一般人更多的努力才能成功，行運也不喜歡看見酉字，多意外災難，但是只要咬牙撐過，通常可以有一番成就。夫妻容易為兒女事起爭執，為下一代操心，常見頂客族。女性選擇配偶男友，要多注意對方的脾氣與品行，別找太有個性的酷哥，身心容易受傷。

己卯日主出生人：周潤發（1955.5.18）、費玉清（1955.7.17）、陳昇（1958.10.29）、杜德偉（1962.2.10）、許瑋倫（1978.11.13）、Rain（1982.6.25）。

己巳

你的出生日是己巳的人：

運勢強，個性強，堅持到底，聰明機智，容易成為某一方面的能人。得意時須節制口舌之快，易惹是非爭端，招人嫉妒。女性不利婚緣，職業婦女居多，事業好時賺錢多時，通常就感情有憾或多是非，建議找獨立性高的伴侶為佳。

己巳日主出生人：蔣中正（1887.10.31）、高清愿（1929.5.24）、陳美鳳（1956.7.1）、金溥聰（1956.8.30）、歐巴馬（1961.8.4）、陳奕迅（1974.7.27）、范瑋琪（1976.3.18）、王力宏（1976.5.17）、明道（1980.2.26）、楊丞琳（1984.6.4）。

己未

你的出生日是己未日的人：

聰明，喜歡思考，有時想太多，個性堅強，有時有點孤僻，與父親較不親近，喜歡公平競爭，討厭強權壓制。婚姻感情常有遺憾，遇辰、戌、丑、未運時宜多用心在感情經營，情緒多有困惑，要保持多做戶外運動，有利身心健康。有事要說出來，建議多做佈施，參加公益團體，做義工。有意外之福。專心在一事上，忌多頭馬車。不適合幫朋友做保證人。

己未日主出生人：歐納西斯（1906.1.15）、曾文惠（1926.3.31前總統夫人）、羅賓・威廉斯（1952.7.12）、黎姿（1971.10.1）、陳建州（1977.5.2）。

己酉

你的出生日是己酉日的人：

好學習，溫文儒雅，有度量，女人能持家，個性可愛，有魅力。不喜歡再有太多水、金，個性會偏於懦弱，決定不易堅持。女人喜歡小孩，有孩子緣。有口福，喜歡美食（體質容易胖喔！），表達能力佳，好運氣，得人緣。注意心血管的保養，請多多運動。

己酉日主出生人：奧黛莉・赫本（1929.5.4）、孫越（1930.10.26）、馬英九（1950.7.13）、陸小芬（1956.10.9）、梁家輝（1958.2.1）、梁靜茹

（1978.6.16）、蔡卓妍（1982.11.22 阿Sa）。

己亥

你的出生日是己亥日的人：

一生總有財運，有工作能力，有自己的想法，年輕時磨練較多，不要放棄，中年後運漸良好，注意交友素質，別沾染不良嗜好。女人有才華，但婚姻宜謹慎，建議不要太快決定婚期，把相處時間拉長，觀察彼此的個性、互動，雙方家庭的差異性，如果可以，以建立小家庭為考量，命局中不宜見巳字，婚姻多波折，行運遇巳或流年遇巳，建議避開再擇婚期。

己亥日主出生人：齊秦（1960.1.12）、李連杰（1963.4.26）、席琳．狄翁（1968.3.30）、鄭中基（1972.3.9）、小彬彬（1979.11.28）。

給土人的叮嚀：戊、己土人要審視自己的運勢，其實有一個簡單的方法，土管脾、胃、消化道，觀察脾、胃氣的健康與否，可以影響一個人的耐性、脾氣，是否過於急躁、貪婪、精神能否專注，土人宜養脾、胃，勿暴飲暴食，三餐要定時定量，吃東西時要愉悅輕鬆，不要憂慮或緊張，補充適當的蔬菜纖維，多喝溫開水，切忌便秘或腹瀉腸躁症。如能保養得宜，運氣自然順暢。若發現連續幾天的便秘，腹痛或腹瀉、脹氣，皮膚乾癢，胃口不佳時，甚至近日脾氣暴躁容易失控，皮膚容易受傷、擦傷，則是運勢衰微時，投資、做事、說話就要低調謹慎，多一事不如少一事，等一切平順再做定奪，自然可以趨吉避凶。祝福愛惜自己的土人。建議可以誦唸「南無普賢菩薩」！對你的事業、家庭、財富、健康都有幫助。

庚—鋼硬之金（陽金）

俠士、俠女型的人物……

庚是工具類的金器，辛是首飾類的金器。

庚金的人大都講義氣，不畏困難，不怕得罪他人，頗有俠士、俠女作風。所謂路見不平，拔刀相助，氣死閒人。你常能看到庚金人為了某些事情跟人槓了起來，細問起來通常不是他自己的事，他只是看不慣，看不下去，所以跳出來主持正義，所以義工、志工團體，法官、律師、警務人員，常能見到他們的蹤跡。

庚金比辛金的人要硬一點，立場分明，通常堅持己見，若無火來煉製無法成器（需要丁火、丙火，最好是丁火，一個金器放在太陽底下曬，變化不大）。庚金的人不見火來鍛鍊，很容易頑固不通，故步自封，做事魯莽沒有規劃，如果土多又來生金，不但疑心病重且容易意氣用事。

庚金的人喜歡八字裡有丁火跟甲木，本命沒有時要等大運流年來補，丁火來煉製庚金成器，甲木可被庚金使用來砍伐雕琢，木頭又可引燃丁火，如果庚金日主的盤可以在八字組合元素裡同時看到適當的丁火與甲木，此人通常在為人處事會有相當的能力，可以管理也善於交際，是個人才（本命缺其一時，行運來補也可以）。但是如果此兩者皆不見，而有過多的金或土，此人就容易流於固執，對感情及事情的處理態度過於僵硬，說話也容易得罪別人，令人頭痛的是還不聽勸告，堅持錯到底。女命庚金如果金土過多，通常過於堅持己見，而且不自知，要她溫柔撒嬌，有點困難，所以在婚姻上常會因態度堅硬而陷入危機，建議多閱讀兩性方面的書籍，找幾位懂得撒嬌，小鳥依人型的朋友，多觀察多學習，會對你們的婚姻關係有所幫助。

不過有一個特殊格，就是滿盤皆金（地支也合成金局（註九）），行運也都是金運、土運，這種人就是一金到底，形成特殊格局（其他木、火、土、水也有這種特殊格局），這種人通常可以在某一專業領域出類拔萃，很有成就，因為其個性單一專執，對認定的事情，堅持到底絕不退縮，所以一旦他

決定要專注在某項事務上，廢寢忘食，在所不惜，但是其他的人、事、物就會被犧牲或忽略，世事難兩全。通常跟親友不親，或多糾紛困惱，婚姻、感情路也不太理想。

在我收集的六十甲子命例裡，我敬佩的張愛玲女士就是金旺的格局，專旺的格局同時也是比肩、劫財格（後面有較詳細的介紹），比肩、劫財剋財星，所以大多在婚姻、親子關係裡感到挫折。（財星代表人物是父親、妻妾，張女士是女人沒有妻妾，早年與父親有許多不愉快的相處經驗，有興趣研究的人可以在網路裡找到許多資料，張女士獨特的思路與寫作筆觸堪稱一絕，在近代文學裡有其無人能及的特色，因其金旺，所以筆鋒尖銳獨特，對一般批評家的評論絲毫不放在心上，堅持自己的文學主張。）（高清愿是土旺格，史蒂芬．霍金是強金格，裴勇俊是水旺格。）

庚金人普遍有恆心及堅忍不拔的毅力，一旦決定要做的事，就會做到底，個性好勝有骨氣，所以你常可以聽到庚金人設定五年以上的計畫，他們對人生常有遠見，如果你有這樣的朋友，而且他對他的計畫又能說到做到，是庚金人的機會就很高，這個朋友你要收藏起來，因為他同時也是一個很講義氣的值得深交的朋友。

優秀的金人（庚金、辛金都有這個特性）聲音很有特色，很嘹亮，一開口就很大聲，遠遠你就能聽到他們的聲音，有一種洪亮的共鳴，如果有適當的教育與培養，會是很棒的演說家、演藝表演者、商業人才、政治家、教育工作者。聲音在相學中也有提到，發聲丹田者，成就輝煌，丹田即肚臍對下之處，說話聲音發自小腹丹田的人，聲線特別響亮，句句話都帶給人沉厚實在的感覺。聲發丹田在相學上是富貴相的一種，命途比其他人優越，而且事業上能有成就，每多成為領導者或具影響力的人。所以如果你是擁有這種聲音的金人（庚金、辛金皆是），可要好好照顧自己的聲音，發現聲音開始滯澀，卡在喉嚨時，氣管多痰，甚至過敏、氣喘，就是要養精蓄銳，好好休息養生等候時機的時候，切勿過勞、強出頭，知所進退才是一個有智慧的人該做的事。

庚金日主有以下幾種組合：

庚子、庚寅、庚辰、庚午、庚申、庚戌。

庚子

你的出生日是庚子日的人：

口才好，聰明機智，隨機應變的能力好，適合往口才業務、商業、才藝、飲食業發展，本命局若有明顯的木（甲、寅、乙、卯），或行運遇到木字，是賺錢、事業發展的時機。女命婚姻宜遲，屬職業婦女型，男命常有懷才不遇的感慨，要注意人際關係的和諧，說話前宜三思，常有口舌是非，說話太直太酸傷了別人而不自知，對家人尤其配偶容易嘮叨，有礙家庭和諧。

庚子日主出生人：蕭萬長（1939.1.3）、郝龍斌（1952.8.22）、謝金燕（1974.12.25）。

庚寅

你的出生日是庚寅日的人：

成功來自於倍於常人的努力，早年運勢考驗較多，工作能力佳，中年後漸入佳境，男性在家喜歡掌權，女性在婚姻中容易有孤寂感，命局中見申、丑，婚姻常有波折，行運、流年遇到也容易糾紛吵鬧，遇到申、丑流年大運時要避開婚期，建議盡量晚婚，別為了結婚而結婚。古書有云：絕處逢生之命，中年有奇遇。平常宜廣結善緣，累積後福，也建議接觸宗教，修身養性。

庚寅日主出生人：陳定南（1943.9.29）、蔡辰洲（1946.9.13）、譚詠麟（1950.8.23）、蘇芮（1952.6.13）、賀軍翔（1983.12.28）。

庚辰

你的出生日是庚辰日的人：

心地善良，精力旺盛，身體健康，運勢也好，多帥哥美女。女命能力好，反應佳，工作能力能勝過男人，有男子心性，有志節，但婚期不宜過早，

否則心中有憾。命局中不宜見戌字，婚姻不順遂，多是非喧擾，行運、流年也不喜歡看見戌字，會有挫折失敗、意外災害。喜歡學習，聰明靈敏，有遠見，專注於一事，努力專研，會得成功，切勿貪心，食多嚼不爛。魁罡日，個性剛毅明敏，宜多親近宗教信仰，不適合殺生為業，盡量別吃牛肉，事業、財運會較不順，婚姻也多波折或配偶多病。常遇貴人，自己也是他人的貴人。

庚辰日主出生人：陳水扁（1950.10.12）、周美青（1952.11.30）、鄧麗君（1953.1.29）、金城武（1973.10.11）、李心潔（1977.1.23）、安室奈美惠（1977.9.20）。

庚午

你的出生日是庚午日的人：

正直認真，有責任感，可以託付工作，但要注意選擇交友素質，容易受朋友影響，不宜熬夜，肝臟會受損，少吃燥熱上火的食物，例如油炸、麻辣，易生腫瘤、痔瘡類疾病。個性有時反覆，其實是很容易專注到工作，一下子聚焦某事物，就忘記身邊的人還在，讓人有時有點措手不及，感到失落錯愕，注意人際關係經營。在婚姻中常有寂寞感，事業與家庭不易兩全。

庚午日主出生人：柴契爾夫人（1925.10.13）、李嘉誠（1928.7.29）、古龍（1938.6.7）、黃任中（1940.1.28）、劉德凱（1953.9.16）、蔡英文（1956.8.31）、酒井法子（1971.2.14）。

庚申

你的出生日是庚申日的人：

意志堅強，堅持到底，不易聽人勸告，慾望野心強旺，運勢亦強，身體健康。需注意手腳容易受意外之災，少熬夜注意肝膽保養，少吃油膩食物，女性要多保養身體，別吃冰，每年固定做子宮抹片等健康檢查。初次感情通常沒有結果。女性個性過於剛強倔強，不利婚姻經營，言詞宜溫柔，姿態要柔軟一點，多為家庭辛苦奉獻，卻常感力不從心，建議晚婚，記得為老年做儲蓄計畫。不適合幫朋友做保證人。

庚申日主出生人：王永慶（1917.1.18）、彭明敏（1923.8.15）、黃子佼（1972.3.30）、蘇麗文（1980.12.13 跆拳道運動員）、房祖名（1982.12.3）。

庚戌

你的出生日是庚戌日的人：

外表溫和，個性活潑，但內心多思慮，有才華，願意幫助親友成功，做事有計畫，善於運用人脈，有領導能力，多帥哥美女，私下內心常有掙扎，心事不願透露，不容易相信別人，偶爾喜歡有自己的私人空間與時間，完全不受別人打擾。不易敞開心房，感情總有遺憾，避免涉入複雜的感情關係。魁罡日，個性剛毅明敏，宜多親近宗教信仰，不適合殺生為業，盡量別吃牛肉，事業、財運會較不順，婚姻也多波折或配偶多病。

庚戌日主出生人：阿諾．史瓦辛格（1947.7.30）、釋恆述（1951.3.11）、老虎伍茲（1975.12.30）、吳尊（1979.10.10）。

辛——砂中金，柔軟飾金（陰金）

我很柔軟，但我骨子裡是硬的……

辛金跟庚金最大的差異是他的柔軟度，辛金是由壬水淘洗出來的砂中金，所以辛金人喜歡壬水來沖激，讓他有所呈現發揮，辰土、丑土來生他、滋養他。

窮通寶鑑：「辛金欲壬之洗淘，以呈發現之功。」砂金是取得黃金的其一方式，早期淘金熱洗金的過程中，需要大量的水沖走泥沙，留下黃金，辛金喜歡壬水（癸水力量有點不夠），一個有足夠壬水的辛金日主，才華洋溢，口才佳應變快，加上金旺的人（不論庚金或辛金）通常有耀人的外貌，白皙透亮像玉一般的肌膚（天干透壬水皮膚白皙，土多膚色黯），可謂才子佳人，天之驕子。

只是過旺的金人時常語出傷人，驕傲、堅持的個性也容易招來一些小人，辛金人很重視掌聲、愛好面子、虛榮心強，樹大招風，得意時會遮蔽其他人的光芒，招嫉惹禍。所以，如果金人少年得志，在自己意氣風發的時候，不小心得罪了一些人，容易為日後埋下禍根，所以看到這裡，如果你是金人或你身邊有金人，千萬要記住：「涵養怒中氣，慎防順口言，留心忙中錯，愛惜有時錢」。說話不要太絕，給彼此留一些餘地，人情留一線，日後好相見，總之嘴巴不要太賤；學習理財，保存一個不動的存款帳戶（養老專用），挺朋友可以，但不要亂做保證人，留住你的錢，切記：留住了裡子，你才會有真正的面子。

金人走中年以後的運勢比較理想，如果你才二十歲出頭，覺得自己是很好命的金人，要準備好接受生命的考驗，所謂不打不成器，不鍛鍊不成鋼，金人的成功常在意志上受到很多的考驗。辛金人容易被激或被吹捧之後做出衝動的決定，愛面子又不善於拒絕，這是所有辛金人要自我調整的地方，較缺乏魄力，對事情的持久度略微欠佳。

金人喜歡在旁邊的天干上看到木（甲木、乙木都好，地支寅、卯也可以），見木的金人在錢財上比較活絡，也會比較懂得找方法賺錢，但是不喜歡又見金，容易財來財去，有一種人，他的命盤幾乎就是金元素和木元素的結合，這種人很有意志力，控制力也很強（控制自己和掌控別人），可是少了一點人味，配合好的行運或許很有成就也很會賺錢，但是你看著他到最後，會有一種感覺，這個人有點自虐（或虐人），整個人生除了錢與獎盃，什麼都沒有。

辛金人很適合表演、影劇、藝術事業、創作、政治、業務類，他們喜歡成為眾人眼光的焦點，會像美麗的黃金在燈光下閃閃發亮（所以也喜歡一點丙火或午火，但不可以太多），吸引大家的目光，尤其命局中有壬水或行到壬、亥、癸、子大運、流年時，更是他們有所發揮的時候，通常也是他們事業的高峰，發表最多作品的時候，如果又遇到壬水流年、流月時，甚至是得獎領獎，展現出代表作品的機會，只是要注意也會伴隨來流言蜚語，鋒芒太露的是非爭端，另外則要注意婚姻的經營，不要過於強勢或嘮叨，適當的推掉一些不必要的應酬，多留一些時間給家人，記住說過的承諾。

金人如果在你八字中不見木（甲木、乙木、地支寅、卯），只有在行運、流年看見，行木運時就是你比較有財運的時候，請珍惜你在這段行運中所賺的錢財，一定要儲蓄，千萬別做保證人或借太多給別人，否則當運過後你會很後悔的，也別在運即將結束的最後一兩年擴大營業或大肆開分店，會將之前所賺的全部賠掉甚至負債。

如果本命不見木卻有一堆火（丁火、午、巳、丙火），請增加自己的學歷或學一門專業技能（如果無法下決心或沒有意志力，一定要請父母或兄弟、朋友督促你，這對你的人生很重要，重點是你要真的去做），因為強火會熔化金，盡量趁年輕考取公職或大型公家機構，然後在機構裡面穩定的往上晉升，這樣適合沒有方向的軟金，大型機構像個容器，你可以在一個穩定的容器中塑型，而不至於茫然無所從。辛金人大部分不喜歡太粗重或不修邊幅的工作（還是面子問題），所以不想做粗活的人要逼自己讀書或學習一技之長，生命要提前規劃、實踐，任何時候都來得及，切勿怨天尤人，原地踏步。

辛金人很重視外界人對他的看法，很重視自我成就感，相對的容易忽略了他身邊親近的人，所以辛金人每每在中晚年後，發現自己心情有一個狀態，好像少了一個什麼，說不上來。沒有伴侶的，以為少了個伴，有伴侶的，好像彼此也少了一些什麼，因為，當你追求你個人的成就與失落時，你遺忘了過程其實佔了人生的大部分，結果與最後的呈現，其實已經接近尾聲。

辛金日主有以下幾種組合：

辛丑、辛卯、辛巳、辛未、辛酉、辛亥。

辛丑

你的出生日是辛丑日的人：

外表溫和，但是有自己的主張與堅持，凡事喜歡公平，巧計得勝，有口福，表達能力良好，與雙親的其中一人，緣分較薄或暗自較勁，常由保母、姨媽或外婆、奶奶帶大。喜歡命局中有壬水或行到壬、亥、癸、子大運、流

年，聰明善辯，有利學習。若命局中土多，又行土運（戊、己、未、戌、丑、辰），會有自閉不愛說話的現象，讀書方面也不理想，與其逼他讀書不如引導他學習一技之長，要多帶到戶外活動，多吃綠色蔬菜、水果，多喝水，不宜熬夜。

辛丑日主出生人：呂秀蓮（1944.6.6）、陳文茜（1958.3.25）、鄭伊健（1967.10.4）。

辛卯

你的出生日是辛卯日的人：

人生起伏大，精彩豐富，容易沉不住氣，喜歡追求成就感，掌控事物，過於追求完美時容易遭受挫折，四十歲左右，要謹慎婚姻的經營，多波折事端，意外事故，錢財損失，受孕不穩或小產，命局中見酉、申，尤其要注意小心，若行運流年又再次遇見酉、申，更是明顯。宜保養肝、腎，重視養生，勿過度超時工作，避免熬夜，多喝溫水。一生無衣食之虞。

辛卯日主出生人：張愛玲（1920.9.30）、柯拉蓉（1933.1.25）、周星馳（1962.6.22）、麥可．喬丹（1963.2.17）、郭靜純（1971.7.5）、徐熙媛（1976.10.6）、蔡依林（1980.9.15）、王心凌（1982.9.5）。

辛巳

你的出生日是辛巳日的人：

計畫、執行能力皆優，能得長輩、同儕的認可，只要可以堅定立場，通常在職場上有一定的成就。個性多猜忌疑惑，命局中見亥字更明顯，不利婚姻，多波折變動，配偶多病或善變，女人大都貌美，有個人魅力，工作能力好，在家中什麼工作都能幫忙，女兒當兒子用，可惜婚姻總有缺憾，多變化，建議晚婚，盡量找包容度穩定性好，個性成熟的伴侶，避免涉入複雜的感情關係。

辛巳日主出生人：連戰（1936.8.27）、梅莉．史翠普（1949.6.22）、賓拉登（1957.3.10）、賈靜雯（1974.10.7）、安潔莉娜．裘莉（1975.6.4）。

辛未

你的出生日是辛未日的人：

心裡想的與在外的個性表現，有一定的落差，能力好，自我要求，通常文武各有所長，善於運用周邊的關係，早年經歷一定的挫折與磨練。女性與婆家的關係要用心經營，最好可以找婚後可以組織小家庭的對象，如果婚前雙方有一方家庭不贊成，最好經營關係到彼此樂意時再結婚，千萬別勉強。地支見卯，有積蓄財富。

辛未日主出生人：甘迺迪（1917.5.29）、朱立倫（1961.6.7）、甄子丹（1963.7.27）、唐立淇（1965.11.13）、李嘉欣（1970.6.20）、女神卡卡（1986.3.28）。

辛酉

你的出生日是辛酉日的人：

堅持己見，有自己的原則，行動派，有創造之精神與能力（透壬干、癸干尤其好，月支藏壬、癸次之），容易遭到感情困擾，第一次的感情不容易成功，四十歲左右婚姻易有變化。個性過於僵硬不會變通對婚姻有所妨礙，如果聚少離多，或其中一方因工作住在外地，有時感情反而可以更和樂。女性如果命局其他字又多金或土容易選擇單身或極晚婚，建議做好理財，不適合幫朋友做保證人，或借朋友錢，不適合合夥生意，經濟錢財也不適合交給別人看管處理。

辛酉日主出生人：阮玲玉（1910.4.26）、白光（1921.6.27）、瑪麗・蓮夢露（1926.6.1）、史蒂芬・霍金（1942.1.8）、賴清德（1959.10.6）、天心（1975.11.11）、熊黛林（1981.10.10）。

辛亥

你的出生日是辛亥日的人：

聰明機智，口才好，外表活潑，內在理性，女性個性剛烈，過於重視事業、成就感，有礙婚姻，地支見巳、亥尤是，多波折，放下過多的考量與猶豫，不必要的自尊與原則，否則容易獨守空閨。天干見壬，喜歡自由，聰明點子多創意佳，適合走創意演藝藝術，個人自由工作者，不適合早婚，找配偶包容度要好才能長久，對配偶容易苛求嘮叨，自己要自我察覺節制。天干見火（丙火、丁火），搶眼亮麗，見壬水皮膚白皙。

辛亥日主出生人：田中角榮（1918.5.4日本首相）、李敖（1935.4.5）、侯佩岑（1977.12.20）、林宥嘉（1987.7.10）。

給金人的叮嚀：庚、辛金人要審視自己的運勢，其實有一個簡單的方法，金管肺、大腸、支氣管、皮膚，觀察肺、大腸的健康狀況，可以影響一個人的氣度、志節，是否剛愎自負，能否勇敢堅持，金人宜保養肺、支氣管、大腸，不要吃冰，宜戒油膩，不要抽菸，如果長期生活在冷氣房內，要穿長袖薄衣，注意肩頸、腹部不要受寒（冷氣房內別穿中空裝），保養得宜的金人，聲音嘹亮，皮膚緊實透亮（有皮膚病或過敏的金人，一定是生命遇到了麻煩或瓶頸），如能愛惜自己的身體，運氣自然順暢。若發現鼻子、皮膚過敏嚴重，容易疲倦，牙齒蛀牙、鬆動、斷裂，便秘或腹瀉，感冒嚴重沒有聲音或嚴重沙啞，則是運勢衰微時，投資、做事、說話就要低調謹慎，多一事不如少一事，等一切平順再做定奪，自然可以趨吉避凶。祝福愛惜自己的金人。建議可以誦唸「南無阿彌陀佛」！對你的事業、家庭、財富、健康都有幫助。

壬—海水（陽水）

其實你不懂我的心……大海低下包容，所以能納百川……

壬是江湖洪海的水，癸是雨露之水。

屬水的人大都聰明靈巧，柔軟多變，善感多情，仁（木）、禮（火）、信（土）、義（金）、智（水）裡，水主智。

壬水比癸水奔流，個性較不受拘束，大方豪爽，癸水則較溫婉陰柔，內向善忍。

水可以進入各種容器，可塑性佳，你時常會對水人有種捉摸不定的感覺。抽刀斷水水更流，水讓你感覺柔軟但是卻又可以滴水穿石，無孔不入，可以柔軟到一摸就穿入，也可以堅硬變水刀。水在高處往下流，在低處則廣納川流，一個水人要知道謙卑的好處，大度能容才能廣識良才，安忍居下才能學習更多看的更遠，好的水是付出滋潤大地，方能看到結實纍纍，壞的水則是淤積滯塞，發臭生蟲。

不管是哪一種日主都可分強、弱、適中，個性隨著強弱都會有所差別。壬水弱時需要金來生他，壬水過旺則需要戊土來築成堤防（己土比較柔軟效果不那麼好，有時反而污濁了壬水，攪和在一起變成爛泥漿），壬水可以洗淘辛金，所以辛金人一定要有壬水來洗他才會發亮。而壬水也喜歡辛金來生他，有辛金生的壬水善良聰明，配合丙火容易出現帥哥美女，蘇東坡的《湖上初雨》：寫出西湖的天生麗質及動人神韻，被公推為前無古人，後無來者的千古絕唱：「水光瀲灩晴方好，山色空濛雨亦奇；欲把西湖比西子，淡妝濃抹總相宜」，這首詩用來形容壬水美女，最是恰當。

我接觸過的水日主皆屬聰明之輩，反應快，記性佳，靈巧善變，水弱者較為膽小，水強者又讓你搞不清楚他下一步到底要做什麼，但是如果你有事想找人商量，水日主的朋友常可以給你很好的建議（但是他自己做不做得到則是另一回事）。

有金來生的水源源不斷，計謀深遠，寬宏胸懷（金勿太多，太多則性情不定，奔流氾濫）。有戊土來規範則行事有分寸，深思熟慮，是不可多得的軍師級管理人才，但土過多則臨事不決，猶豫滯塞。有適當的火可以增加熱情，人也比較大方。

壬水只要沒有過弱，最喜歡的是戊土、丙火運、木運（甲、寅、乙、卯），因為大水容易成災，但是一旦有堤防來圍繞使其安置，就能為人所用，壬水可以養活廣大群眾，人民的家居用水，公司工廠的工業水源，田園的導引灌溉，都需要壬水，所以壬水人見戊土就是展現能力得到成就的時刻（己土也行，但地支以巳、未較好，就是要見己巳或己未為佳，其他則次之）。本命就具有戊土的壬水喜歡丙、丁（午、巳）、甲、乙（寅、卯）木火運，通常在木火運裡展現才華，創造財富，有機會遇到時要好好把握時運。但是如果過弱的壬水就不適用上列的判斷，過弱的壬水就喜歡見辛、酉、申、壬、癸、庚。

但是已婚的壬水人如果遇到丁火運時，要小心桃色糾紛、三角戀情、家庭外遇，丁壬為五合（古書寫淫慾之合，是沒有那麼嚴重，不過，如果在本命天干直接出現丁與壬，確實會比較有異性緣，對情感的渴求也比較強烈，慾望比較重），如果是未婚男女，在丁運時有機會出現戀情，如果已婚請好好珍惜現有，切莫節外生枝，造成家庭風波，得不償失。

壬水不喜歡過強，秋冬生的壬水，如果其他天干地支又出現癸（雙重個性，不好捉摸）、壬、子、亥二字以上，那就要好好修養心性，最好可以有宗教信仰，或學習一門專精技藝或攻讀研究學問，專注自己的心志，讓自己的心有一個抒發的去向，這樣反而可以成就一項專才專業。否則，過旺的水，多情、多心、多折磨。要謹慎選擇朋友、異性對象，容易因為挺朋友而出事，強烈建議不要太早談情說愛，別做出感情用事的事情，太衝動行事會後悔莫及。

壬水日主有以下幾種組合：

壬子、壬寅、壬辰、壬午、壬申、壬戌。

壬子

你的出生日是壬子日的人：

堅持到底，絕不退縮，見火行火運有賺錢的機運，天干透木有才華。雙重個性，常令人捉摸不定，好動獨立，不喜歡受到拘束，說話直接，但有時容易遭人誤會，而致影響人際關係。不適合幫朋友做保證人，易人財兩失，受親友之累。女性冬天生人，要注意婦科保養，吃東西忌生冷食物，容易有帶下之疾（白帶、手腳冰冷、月經症候群），盡量不要吃冰，嚴重者影響婚姻性福。女性個性較堅硬，不好商量，建議晚婚，男性要多花點時間在另一半身上，否則，感情容易生變。第一次的感情不容易成功。

壬子日主出生人：巴菲特（1930.8.30）、洪金寶（1952.1.7）、林鳳嬌（1953.6.30）、李安（1954.10.23）、澎恰恰（1956.4.15）、劉若英（1970.6.1）、陳曉東（1975.9.3）、林育羣（小胖 1986.3.9）。

壬寅

你的出生日是壬寅日的人：

好學聰明有才華，天干見丙，俊男美女。天干透戊土（一個就好），不見己土來混，文武全才，但須經歷一番磨練挫折，男命可得賢妻，女命可幫夫，但不喜月支時支見申字，感情多是非曲折，不只一次婚姻，天干見丁，易陷入特殊感情，牽絆糾纏。喜歡美食也常有口福，常有意外的福氣，孩子性，常保赤子之心。

壬寅日主出生人：連方瑀（1943.4.14）、甄妮（1953.2.20）、胡茵夢（1953.4.21）、湯姆．克魯斯（1962.7.3）、張韶涵（1982.1.19）、郭泓志（1981.7.23）。

壬辰

你的出生日是壬辰日的人：

此日主常見俊男美女，個性鮮明，敢愛敢恨，才智雙全，有謀略，內

在自我衝突，地支見戌字尤其明顯，且不利婚姻，女子有男子氣概，中年容易有感情困惱，水坐水庫，情慾深而氾濫，建議要有宗教信仰，讓心靈有依歸，心定方能得祥和。多才藝，創意豐富，得意時容易忘形，要加強自我管理的能力，理財能力較差。魁罡日，個性剛毅明敏，宜多親近宗教信仰，不適合殺生為業，盡量別吃牛肉，事業、財運會較不順，婚姻也多波折或配偶多病。

壬辰日主出生人：郝柏村（1919.8.8）、李光耀（1923.9.16）、謝長廷（1946.5.18）、裴勇俊（1972.8.29）、康康（1967.5.28）、周迅（1974.10.18）。

壬午

你的出生日是壬午日的人：

有宗教因緣，建議有宗教信仰。一生衣食無虞，有福氣。地支不宜見子字或行運、流年見子字，多是非風波，錢財糾紛或損失，影響家庭和樂，感情挫折或婚變。天干見丁，命局火多（夏天生），感情豐富，情緒高低起伏大，情慾重。頭腦靈敏，但是考慮事情欠周詳，易被混淆。

壬午日主出生人：蔣經國（1910.3.18）、蔡萬才（1929.8.5）、瓊瑤（1938.4.20）、施寄青（1947.1.3）、羅文（1950.2.16）、張國榮（1956.9.12）、光良（1970.8.30）、鄭秀文（1972.8.19）、任家萱（Selina 1981.10.31）。

壬申

你的出生日是壬申日的人：

行事積極，交遊廣闊，善於運用人際關係，廣結善緣，有時過於衝動，易遭人誤解，生活豐富精彩，常為朋友的事情奔忙，與自家親人感情較為疏離。女性婚姻宜遲，第一次感情波折較多，感情不要摻雜金錢，女性多職業婦女，工作能力強。

壬申日主出生人：王文洋（1951.4.2）、張曼玉（1964.9.20）、張惠妹

（1972.8.9）、宮澤理惠（1973.4.6）。

壬戌

你的出生日是壬戌日的人：

心地善良，個性溫和，有宗教緣，樂於助人，自我要求高、固執，能成人之美，對學術有研究精神，聰明善巧，天干透戊土（一個就好），不見己土來混，文武全才，但須經歷一番磨練挫折，有長輩緣，得遇貴人、神佛相助。

壬戌日主出生人：卓別林（1889.4.16）、宋美齡（1897.3.5）、劉文正（1952.11.12）、比爾．蓋茲（1955.10.28）、齊豫（1957.10.17）、庾澄慶（1961.7.28）。

癸—雨露

小雨滋潤大地萬物，但是豪雨會造成恐怖的災難……

癸水可以滋潤植物（甲、乙木，但需要丙火陽光來搭配會較為完整）。癸水是雨，細雨霏霏的時候很詩情畫意，無邊絲雨細如愁，癸水女生總比其他日主多一點浪漫，多一些羅曼蒂克的想像，柔情似水，小鳥依人般的媚態，她們的心有一種溫柔的特質；可是當她發威失控的時候，豪雨成災，一發不可收拾，如果不好好安撫疏導，也會變成決堤的江河，氾濫蔓延。癸水女那淚水像不用錢似的，通常善感易哭，就像雨一旦下久了，就會形成水災那樣一般。癸水也是露水，早上天微亮時，你看到那沾在草地上葉尖的露珠，晶瑩剔透，動人可愛，露水四季皆有，秋天特別多。露水對農作物很有好處，露水像雨一樣，能滋潤土壤起到幫助植物生長的作用。當很久沒有下雨時，露水就有很好的滋潤作用。所有的植物，都喜歡有癸水在身旁。有水特質的人，除了聰明，通常也善於付出，滋潤他人。

癸水人如果天干見壬，就會具有雙重人格的特質，這時他除了有癸水的特質，也會有壬水的特質（請參看壬水的部分），靜的時候像小雨露珠，可愛靈巧，溫婉動人；玩開來時，像江河奔流，狂野奔放（生氣抓狂時也是）。

水人的心很容易起伏不定，波濤洶湧，情慾較重，想像力豐富，從小就會在腦海裡演練自己想像的劇情情節，有木（甲、乙、寅、卯）的水很適合從事創作寫作、表演類的工作，如果是演藝界、創作人，逢木運（甲、乙、寅、卯）可以創造或演出好的作品，水人大都聰明，多思多慮，多情也善感，所以容易有「想太多」的毛病，建議水人可以選擇宗教、氣功、靜坐、瑜珈之類來投入學習，用以達到調氣調息的功用，讓自己的心思能定能安，對修身養性很有幫助，身體也會比較健康，水人對靈修的事物比較敏感，有個宗教信仰是個好的皈依處，多接近植物樹木、大自然，心情會較為開朗。

弱的癸水不喜歡己土、戌土、未土，那會讓他更弱，容易受傷生病或做出錯誤判斷，喜歡壬水來相助，弱癸水人見大運壬、庚、辛、申、酉、癸時走運，會有大發展，因人成事，也特別有群眾魅力。

強的癸水喜歡丙、丁火運（巳、午），見火就發，見火就有財利，癸水是十個元素裡，最不易身弱也比較不怕身弱的，因為他只要有一點點助力，就會有頗強的生命力，而且可以成為他的助力的元素很多，壬、癸、庚、辛、申、酉、亥、子、辰、丑，都是他的助力來源，你或許會奇怪，辰、丑都是土怎麼會是助力？因為辰是水庫（註十），丑是金庫同時擁有水的餘氣，所以一樣可以是他的助力，而且辰、丑是濕土，只要有溼氣就有癸水雨露的元素，很厲害吧！像我們昆蟲界裡的「小強」。天干地支共有二十二個字，幾乎有一半的元素都可以成為癸水的助力，所以別看癸水人平常柔柔的，好像很好商量、很好欺負的樣子，當他想要反擊你時，有時你會措手不及，甚至你根本不會察覺。有人說不要得罪女人，因為你不知道她明天會不會變成你的老闆娘，呵呵，很適合用來形容水人。水人多變善變，人生的機遇也常豐富而高低起伏。

癸水日主有以下幾種組合：

癸丑、癸卯、癸巳、癸未、癸酉、癸亥。

癸丑

你的出生日是癸丑日的人：

生命起伏較大，精彩豐富，常有意外之事，也常有意外之福，外表沉靜，內心活潑，初認識很安靜，一旦熟識是個很好的朋友，慢熟型的人，願意助人，不求回報，可以為自己的理想目標，堅持到最後。女性選配偶宜謹慎，容易喜歡個性較強的男性，有時會識人不清，建議把交往時間拉長，不要有金錢交涉，夏天生者，命局中如果又土多火多，容易受異性欺負，建議晚婚。

癸丑日主出生人：卡特總統（1924.10.1）、宮崎駿（1941.1.5）、豬哥亮（1946.12.5）、阿基師（1954.8.25）、郭富城（1965.10.26）、任賢齊（1966.6.23）、孟廣美（1967.8.17）、莫文蔚（1970.6.2）、陳冠希

（1980.10.7）、查普曼（1988.2.28）。

癸卯

你的出生日是癸卯日的人：

聰明好學，文雅多才藝，行事風格不落俗套，追求完美，生命中多貴人，有福氣，也願意成為別人的貴人，異性緣很好，很有人氣，個性溫和，表達能力佳，很有才華，有口福。地支不喜歡見酉字，婚姻波折是非，受孕不穩或小產，生產過程不順，常為小孩事情操心，命局中若其他字金水過多，容易有生離死別的現象，與母親緣分不佳，糾纏或受累。

癸卯日主出生人：潘迎紫（1945.6.3）、歐陽菲菲（1949.9.10）、鳳飛飛（1953.8.20）、何麗玲（1961.11.6）、楊謹華（1977.12.12）、王建民（1980.3.31）。

癸巳

你的出生日是癸巳日的人：

外表冷靜，內心熱情，一生機運好，有貴人，個性溫和，做事進退有條理，學習能力好，潛力豐富，一般在社會上可獲得良好的評價。富貴之時提防酒色過度，而招致病痛是非。四十歲左右，家庭婚姻容易有風波，意外事故錢財損失。

癸巳日主出生人：蔡萬霖（1924.11.10）、成龍（1954.4.7）、張衛健（1965.2.8）。

癸未

你的出生日是癸未日的人：

真誠溫和，多才多藝，聰明靈巧，外似迷糊，其實心思細膩，有自信，有管理領導能力，有口福，愛吃美食，要注意體重控管，無衣食之虞，自得其樂，男性為新好男人。平常要多運動，多接近大自然，多吃綠色蔬菜水果、溫開水，注意排便的順暢，腸胃道的保養，少吃油炸、上火的食物，戒吃反式脂肪。地支不喜多見戌土未土，容易停滯不前，不夠積極，要有事先計畫的習慣，訂下實踐時間表，給自己壓力，徹底執行，方能知行合一，看見事情的成效。

癸未日主出生人：三毛（1943.3.26）、巫啟賢（1963.2.9）、強尼・戴普（1963.6.9）、黃韻玲（1964.10.1）、朱茵（1971.10.25）、瑞奇・馬丁（1971.12.24）、立威廉（1976.7.30）、曾雅妮（1989.1.23）。

癸酉

你的出生日是癸酉日的人：

聰明伶俐，善於思考，擅長專注於某種學術研究，可以找出事物的細微差異，喜歡獨處，人際關係較弱，容易偏於消極，學習能力強，但耐性略為不足，若能專心一事，堅持到底，可成為某一方面的專業人才。不容易信任人，略神經質，常為瑣事煩心，需找包容性寬容的另一半。通常與原生家庭

感情較疏遠，女人宜慎選婚姻對象，不要勉強成婚，與姻親相處不易和諧。

癸酉日主出生人：張榮發（1927.10.6 長榮集團）、陳小春（1967.7.8）、伊能靜（1968.3.4）、鄭元暢（1982.6.19）。

癸亥

你的出生日是癸亥日的人：

雙重個性，韌性堅強，很能適應環境，思緒多變，想像力豐富，創意佳點子多，心思敏捷，好奇，喜歡新鮮事物，接收新資訊，能夠察言觀色，具有群眾魅力，有領導格，得意時謹防口舌是非，說話太直容易無心傷人。愛好自由，感情生活多是非，起伏豐富，相愛容易相處難，地支見巳字，尤其明顯，流年大運遇到巳字，風波難免，且容易金錢損失。不適合幫朋友做保證人。天干見丙火、丁火，帥哥美女，搶眼引人注目。

癸亥日主出生人：王貞治（1940.5.20）、黃霑（1941.3.16）、楊麗花（1944.10.26）、林青霞（1954.11.3）、劉德華（1961.9.27）、趙薇

（1976.3.12）、蕭亞軒（1979.8.24）。

給水人的叮嚀：壬、癸水人要審視自己的運勢，其實有一個簡單的方法，水管腎、膀胱、骨頭、耳朵、頭髮、代謝、下半身，觀察腎、膀胱的健康優劣，可以影響一個人的聰明才智，性定神閒，是否頭腦清明、達觀，柔順大方，水人宜養腎、膀胱，勿憋尿、多喝水、多運動（不動的水人很容易胖，一胖就懶），注意排汗正常，每天練習深呼吸，活到老學到老，多到世界各地走動，增廣見聞，打開胸懷，保持情緒的寧靜，運氣自然順暢，水最怕滯留不前，會發臭生病的。若發現尿失禁，耳鳴重聽，大量掉髮，記憶嚴重衰退，骨骼脊椎發生問題，突然爆肥或爆瘦，全身痠痛，腰桿挺不直，或近日脾氣暴躁容易失控，則是運勢衰微時，投資、做事、說話就要低調謹慎，多一事不如少一事，等一切平順再做定奪，自然可以趨吉避凶。祝福愛惜自己的水人。建議可以誦唸「南無觀世音菩薩」！對你的事業、家庭、財富、健康都有幫助。

星神個性、能力

八字裡有兩大主軸：一是由木、火、土、金、水所產生的五行變化；另一個是由比肩星、劫財星、食神星、傷官星、正財星、偏財星、正官星、七殺星、正印星、偏印星，這十個星神所演化的個性特質。

前面已經陸續為大家介紹了【十天干】甲木、乙木、丙火、丁火、戊土、己土、庚金、辛金、壬水、癸水的個別特性，接下來開始為大家引見【十位星神】比肩星、劫財星、食神星、傷官星、正財星、偏財星、正官星、七殺星、正印星、偏印星，通常一張八字盤拿來，你在上面就會看到這些星神的名稱，一旦你清楚了這幾位星神的各別特性、脾氣、嗜好、專長、代表人物，你看起八字盤就會感到生動有趣，一目了然，這張盤主人的個性、特色、興趣、長相、與他人的行為互動方式，甚至他的人生過程，你也會像在看故事、電影一般，在你眼前流轉而過。

十個星神通常被分為五組：「比肩星、劫財星」是跟日主相同性質的元素，「食神星、傷官星」是由日主所生出的元素，「正財星、偏財星」是日主所剋的元素，「正官星、七殺星」是剋日主的元素，「正印星、偏印星」

是來生日主的元素。

傳統的八字學把十個星神分為兩邊，一邊是比較乖的、講理（禮）的、有規矩的：比肩星、食神星、正財星、正官星、正印星。一邊是比較叛逆的、不遵從規則的、不按照牌理出牌的：劫財星、傷官星、偏財星、七殺星、偏印星。

在傳統的命學裡，有時甚至會把它們分的有點像正派人物跟反派人物的分野，但是，作者覺得現代文明開放，資訊、交通、學術已經大量改變，365行也已經擴展到數千多種行業，最基本的，像演藝、藝術、表演等在古代被看成很不入流的行業，現在卻多的是年收入數億且名利雙收的表演者，而這些特殊才藝者，有許多是以前被歸類為反派的這組星神所展現的才華，所以不管是哪一顆星神，其實都有它的優點與缺點。

學習命理就在於修飾轉化你的弱處，加強展現你的長處，把握時機，知所進退，該衝刺表現的時候努力前進，該低調退下來休養學習的時候，靜下來涵養生息，等待時機不要衝動，利用時間學習一些新的技能，或加強自己原先的專業更上一層樓，如果每個人都能掌握自己的時機，避開錯的時間點，相信每個人都能得到自己生命中的成功，發揮出自己人生的光彩與美麗。

建議看星神時，要陰陽兩個都同時看，例如你要看正官星就同時看七殺星，要看食神星請同時看傷官星，因為它們其實是一體兩面，有時過多或過少時，就會展現另一個的特性出來，所以請同時參看，看生命元素也是建議陰陽兩者皆同時看會較為完整。

八字講求的是平衡，所以某一種元素過多或過少，就反而會變成命格上的缺點，所以我會寫出每一個星神的優點與缺點，你看到自己的命盤（裡面的星神）思考自己的個性，是表現出星神的優點還是缺點，就可以知道這個星神在於你的對應是你的喜神（對你有幫助的），或是忌神（對你有阻礙的）。

也可以參考這個星神的六親代表人物（父：偏財星，母：正印星或偏印星，兄弟姐妹：比肩星、劫財星（大部分的情形同性為比肩星，異性為劫財星），夫：正官星或七殺星，妻、女友：正財星或偏財星，兒子、女兒：

男命看七殺星、正官星；女命看傷官星、食神星）。思考他們跟你之間的互動，是助力還是阻力，就可以知道這個星神是你的喜神（對你有幫助的）或是忌神（對你有阻礙的）。

身強、身弱、喜神、忌神

在接下來的文中大家會注意到我有標註：「身強」、「身弱」，這裡是因為喜神與忌神的關係，在八字裡同一個日主「身強」、「身弱」他的喜神與忌神會有所不同，有時甚至會剛好相反。

「身強」指的是天干地支與你相同屬性的元素（比肩星、劫財星）或來生你的元素（正印星、偏印星）超過四個以上，那會讓你的日主本身變強，另外如果月支跟你是同屬性或是來生你的，大部分也是「身強」的命主，木元素春天出生，火元素夏天出生，金元素秋天出生，水元素冬天出生，土元素夏天或辰、戌、丑、未月出生，大部分也是「身強」的格局。

「身弱」指的是天干地支來剋你（正官星、七殺星）或你剋它（正財星、偏財星）或你生它（食神星、傷官星）屬性的元素超過四個以上，那會讓你的日主本身洩弱。

「身強」、「身弱」在命理的判斷尚有許多技巧，必須隨著經驗的豐富，與時間的累積，多方面閱讀其他前輩的書籍，必能增加判斷功力，加上你平常用功的記錄日常發生的事件，也會增加你的判斷準確度，你可以從紀錄上發生的是好事居多時，則代表此星神是你的喜神；紀錄上發生的是壞事比較多時，則代表此星神是你的忌神。

在大部分的情況下（沒有遇到特殊格局時），通常身強的人喜歡正官星、七殺星、正財星、偏財星、食神星、傷官星，而身弱的人比較喜歡正印星、偏印星、比肩星、劫財星來生他幫助他。

天干有十個字（註一），地支有十二個字（註二），地支裡有內含元素（註四），所以每一個日主面對天干地支（共22個字）其實都會有不同的變化，透過自己的經驗、紀錄、觀察，你可以了解自己運勢的盛衰起伏，也可以掌握自己想知道的一些小事，通常你去找命理老師，他們沒有很多時間可以跟你細論的事情，你可以透過自己慢慢記錄的方法去整理了解。當你抓到自己的喜神與忌神，對你會很有用處，你可以以此為依據，達到日常生活中趨吉避凶的效果，不但很實用而且很有趣味！我在本書的後面會教大家如何製作「流年、流日筆記」，有興趣的朋友可以試試看。

在這裡還是請大家先把十位星神的特性逐一詳細了解：

比肩星、劫財星：在事理上連結群眾魅力，在人事上連結兄弟姐妹、朋友、合夥人，在物表上連結同輩助力，在能力上連結影響力、領導力、體力。

食神星、傷官星：在事理上連結創造、發明、新點子、才藝，在人事上連結奶奶、女命的小孩，在物表上連結飲食享樂、口福，在能力上連結口才、表達、廚藝。

正財星、偏財星：在事理上連結錢財、物質，在人事上連結妻、妾、父親，在物表上連結消費、享樂，在能力上連結交際、應酬。

正官星、七殺星：在事理上連結地位、約束、領導，在人事上連結丈夫、男友、男命的小孩，在物表上連結法律、制度、條文，在能力上連結管理、企劃。

正印星、偏印星：在事理上連結學術、學歷、權威，在人事上連結母親、師長、貴人，在物表上連結醫藥、文憑、印鑑，在能力上連結學習、教育、求知、毅力、執行力。

要看自己的個性是屬於哪一類型，建議先看自己命盤中【月支】裡是什麼星神，通常會有一個至三個星神，如果有兩個以上，先看主氣（註四）與你的日主對應所產生的星神，再看其他。

接下來看你的整個命盤裡，什麼星神最多，那麼那個星神就會影響你的個性，位置在天干的，會影響你在外面表現的個性，較為顯性，是大部分的人可以感受到的你的個性展現，是表現在外的；位置在地支的，較為隱性，通常是你的家人或較親密的朋友才會察覺。

比肩

比肩：是挺我、跟我同類的。例如：甲（陽木）為日主。甲（陽木）遇甲（陽木），甲木就是甲木的「比肩」。

其他：乙（陰木）遇乙（陰木）；丙（陽火）遇丙（陽火）；丁（陰火）遇丁（陰火）；戊（陽土）遇戊（陽土）；己（陰土）遇己（陰土）；庚（陽金）遇庚（陽金）；辛（陰金）遇辛（陰金）；壬（陽水）遇壬（陽水）；癸（陰水）遇癸（陰水）。陰陰相同或陽陽相同，就是【比肩】。

代表人物：兄弟姐妹、同輩的朋友、同學、同行、夥伴、股東、社會大眾。同輩助力、影響力、毅力、體力。

比肩星的個性特質很講求公平，公平的條件，公平的對待，公平的競爭，比肩星明現的人，身體健康體力佳，企圖心旺盛，喜歡與人一較長短，喜愛公平競爭後得到的光榮勝利感。思慮冷靜，有自知之明，不輕易屈服、放棄。

優秀的比肩星常能主動幫助朋友，也會在自己有需要的時候，得到朋友的義氣相挺。行事原則是禮尚往來、以牙還牙，他不佔別人便宜，但是也絕對不容許別人虧待他（有時候會有點本末倒置了），所以在談感情上很容易因小失大，因不解風情而莫名其妙的被另一半三振出局，自己還在那邊丈二金剛摸不著頭緒（要知道情人之間需要一些特權與專寵，比肩星的原則與公平對待，在情侶之間會顯得冷漠而疏離，不近人情，所以你的伴侶總會覺得你不夠愛他，意思就是：你沒有多愛他一點，沒有對他比別人多特別一點，請記住，在情人之間，這很重要）。

比肩星人自尊心很強，所以也不願意去請教別人。個性堅強剛毅，很有原則而且不輕易改變，不會因為利益而與他人妥協，當然也非常難聽入別人給他的建議，固執己見，堅持到底，常可以靠自己的堅持與毅力闖出一番局面。所以你可以在許多鐵腕的政治家、白手起家的企業家、有毅力的運動家們，在他們的八字盤裡看到比肩星、劫財星。

舉例幾個大家比較熟悉的比肩星名人：高清愿（創立統一企業，設立7-11能夠堅持賠七年不放棄，而勝過其他的企業體，得到如今全球數千間連鎖店的勝利），太虛大師（建立新式的佛教教學機構，培養弘法的人才），歐納西斯（希臘船王），史蒂芬．霍金（英國著名物理學家，被譽為繼愛因斯坦之後最傑出的理論物理學家），彭明敏（台灣獨立運動領袖之一），劉泰英（國民黨大掌櫃），蔡英文（前行政院副院長），蔡依林（堅持而努力的新一代天后），裴勇俊（韓國知名明星），林志玲（台灣第一名模）。

相對的比肩星也有它的缺點：如果你的命局是比肩星為忌（身強者），最明顯的就是你從小到大，跟同年紀的親人相處的不好或根本沒有（有的是兄弟姐妹很小就夭折或送人），一般所謂的沒有緣分（看彼此就是不順眼），嚴重者被說成相剋，我個人覺得較慘的是，感情好像不錯，但是從小到大，說到兄弟姐妹（好朋友），你就是衰事一堆，被拖累的，幫忙背黑鍋的，間接倒債的都有（他們跟你借錢或借東西給朋友，雖不是他要倒你，但是還是沒辦法還給你）。

另一種就是兄弟姐妹永遠都是你的牽掛，但是他們像爛泥，永遠擺爛或者就是很弱，有這些情形就是有不好的比肩星（比肩星過多）的人了，環境造就個性，久了這類的比肩星人就會有點憤世嫉俗，不相信人跟人之間的那套情誼，自我意識越來越強烈，無視他人的存在，變成孤行俠一個。

比肩的人優點是獨立，但有時就是太獨立了，所以在感情上，常會被伴侶抱怨，覺得比肩男（比肩女）心裡沒有她們，比較重視朋友、兄弟，結果就被劈腿了，被兵變了，更慘的是，女友（男友）愛上了自己的朋友。

比肩星、劫財星過多還有一個現象，就是跟父親的感情不太理想，尤其是年干第一個就是比肩星、劫財星的人（而且同時是身強而比肩星、劫財星過多為忌者，兩個條件同時存在才算，不然大家一看到比肩星、劫財星就嚇死了）。

比肩星、劫財星剋正財星、偏財星，偏財星的代表人物（六親關係）是父親、妻妾，它的負面影響是父親容易不在身邊（離開人世或與母親離婚，但你是跟著母親生活的；另一情形是父親常在各地工作，聚少離多；有的個案父親會有外遇，所以較忽略這邊的家庭，情況的發生方式要看命盤的搭配來判斷）。

或者是父親在身邊，但是懷才不遇，工作不順利收入很不夠家用，或時常生病、發生意外，讓你很操煩、費心。

所以比肩星、劫財星為忌的人，家庭生活通常不太愉快，家裡總有問題人物（父親或兄弟姐妹），所以就會有情緒暴躁、溝通不良的情形，久而久之，如果嚴重一點，還會有暴力傾向，另一方面，通常第一次的感情不容易成功，常會因某些狀況而中途夭折。

所以女生發現男朋友如果比肩星、劫財星充滿命盤，請妳務必要觀察他生氣時跟家人、朋友的互動情形，家庭環境和諧否，是否一動怒就會拳腳相向，甚或他與妳吵架時曾經動手打過妳，那麼，他可能不是理想的結婚交往的對象，請妳一定要三思，愛情並不會改變一個人。

劫財

劫財：是跟我同性質、但與我有陰陽之分者。例如：甲（陽木）為日主。

甲（陽木）遇乙（陰木），乙木就是甲木的「劫財」。

其他：乙（陰木）遇甲（陽木）；丙（陽火）遇丁（陰火）；丁（陰火）遇丙（陽火）；戊（陽土）遇己（陰土）；己（陰土）遇戊（陽土）；庚（陽金）遇辛（陰金）；辛（陰金）遇庚（陽金）；壬（陽水）遇癸（陰水）；癸（陰水）遇壬（陽水）。陰陽不相同的同類，就是【劫財】。

代表人物：兄弟姐妹、同輩的朋友、情敵、同學、同行、夥伴、股東、社會大眾。同輩助力、領導力、煽動力。

劫財星的人很有群眾魅力，如果他願意時可以跟所有的人玩成一片，善於營造氣氛，台風穩健，帶動人群，但是當空間、時間一變，他又突然顯得誰也不想理會，所以很多時候你會覺得他有點陰晴不定，其實，他只是有點雙重人格，並沒有特別針對誰。

多半的時候，劫財星願意接近群眾，充滿熱情，不像比肩星比較冷靜理智，劫財星的個性比比肩星急躁，想法比較偏激，善於察言觀色，能看出別人真正的意圖，也因此容易掌握別人的心思，善於投其所好（這部分需要他自己願意），劫財星有種特殊的魅力，具有煽動群眾的本事，加上很勇於為他人出頭，打抱不平，據理力爭，不懼強權，痛恨別人濫用特權，所以許多團體中的正義之聲，常見劫財星人物，像古代的俠士、俠女，劫財星、比肩星的人，很有勇氣與毅力，願意與大家站在同一陣線，也容易產生同理心，一旦發現事情問題的所在，可以積極的尋求解決方案，身體力行，深入基層，所以時常可以得到他人的認同，得到團體的支持力量，劫財星的特性如果好好運用，是個不可多得的領導人才。

有個有趣的現象，在收集的命例中發現民進黨政治家，大都有劫財星、比肩星的特質，而早期的國民黨政治家，則多是正官星、印星的組合，比較近代的國民黨政治家，陸續出現偏財、正財、食神、劫財的組合。所以民進黨善於營造氣氛，發動群眾力量，為民喉舌；國民黨擅長計畫策略，比較有經濟實力，說話較婉轉迂迴。

比肩星（劫財星）的人很有群眾魅力，劫財星的人心思敏捷，具有煽動群眾的本事，許多政治人物、演說家，都是這個星神的人才，或就是當他們走到比肩、劫財大運、流年時，正是他們最活耀（出來選舉某些職務）的時候，也常有機會就在比肩、劫財流年得到最多支持他們的民眾（身強者本命搭配一些食神星、傷官星者，口才、表達能力會更佳），有這方面研究興趣的朋友，可以從許多優秀的政治家命盤裡得到印證。

舉例幾個大家比較熟悉的劫財星名人：王永慶（台塑企業創始人），陳定南（個性嚴明，得「陳青天」之稱號），蘇貞昌，阿基師，奧黛莉・赫本，吳念真，楊紫瓊，鍾鎮濤，三澤光晴，徐若瑄。

相對的劫財星也有它的缺點：命局中有劫財星明現的人，一生中難免會有為朋友犧牲的機會，小則義氣相挺，跑腿做事，大則破財作保，流血是非，官司糾纏，劫財星出現的越早（年干、年支（一歲到十六歲之間）、月干、月支（十七歲到三十二歲之間）），這個挫折或損失發生的時間點就比較早，或許這樣反而好，只要後面還有運，還有東山再起的機會，當事人也可以記取教訓，不再做出同樣的傻事。

但是如果劫財星是出現在後面（日支（三十三歲到四十八歲之間）時干、時支（四十九歲到六十歲之間）），那麼有時候就會對晚年有較大的影響，畢竟一個人到了四、五十歲才摔一個大跤，賠掉一筆大錢，元氣大傷，有些人就容易因此失去鬥志，無法振作起來，個性也會變得容易怨天尤人，暴躁暴力，讓人不願親近（生活在身邊的親人比較倒楣）。

另一方面劫財星、比肩星出現在時干（四十五歲之後），當事者在個性上會變得比較喜歡找朋友，想要自由不喜歡受拘束，這時對身邊的配偶也會容易引起爭端，所以，劫財星、比肩星在後面出現，有些古書就寫的不太好看，大致上是提到與親人無緣之類的。

不管男人、女人，在自己的命局中看到自己的星神組合，都該冷靜自我觀察、省思，如果真的有不理想的現象發生，務必要下定決心改善自己的行事作風，謹慎做選擇，只要有心，一定可以將事情圓滿，所謂命運，運命，生命有一半是掌握在自己的手中，趨吉避凶，大事化小，小事化無，內省自心，修正行為就是我們學習命理的最大目的之一。

劫財星的男人在感情上，常會有幾種情形，一種是女友容易移情別戀，第一次的感情不容易成功（尤其是月支裡有劫財星），一種是自己心思在外最愛的是心裡的那個人，或是精神外遇，或是有許多紅粉知己（網路流行後更是方便，以前大都是傳簡訊被抓包），或是喜歡跟朋友消遣玩樂而忽略了女友。

不管是哪一種，對感情的穩定性都不太理想。而劫財星的女人，則是很容易一不小心變成別人感情、婚姻的第三者，或是男友劈腿（屬於哪一類要看整體命盤），感情這事情很奇怪，只能兩個人經營，人一多，就不對盤，我最怕處理感情的問題，尤其是幾個人搶一個人的戲碼，很為難，誰贏了，我看起來都像輸了，因為，劇情是因為主角的個性所衍生，這個性、主角沒換，戲碼還是會重複上演，除非你想開了，脫下戲服坐下來當觀眾，否則你永遠在這戲碼裡面，糾纏痛苦，折磨沒完沒了。

劫財星、比肩星女性如果命局不見正官星、七殺星，通常喜歡獨立自由的生活，個性直、硬，在兩性相處上不會溫柔撒嬌那套，身邊的伴侶包容性與脾氣都要好，才能相處得長久，所以找年紀差距大一點，或者遠距離相處（聚少離多的模式），有時反而比較適合他們。

也是這個原因使他們願意變成第三者，因為，這樣的特殊關係，男方會因為理虧而特別容忍、討好，較不會管她們，有空間與時間的錯覺美感，男方無法負責任，相對女方的責任、壓力也減少，容易產生苟且偷安的相處模式，只是日子久了，生活的保障，心靈的溫暖，都是成本，建議比肩星、劫財星的女性朋友們，要妥善規劃自己的晚年生涯。

劫財星的人雙重個性，常常不自覺的口是心非，或常因為一時情境而有不同想法，不像比肩星的人直來直往，劫財星缺乏理財觀念，花錢很爽快（那種買東西每個顏色買一個的，就是劫財，呵呵），遇事不夠仔細規劃，常常衝動行事，造成事後的懊悔。很願意幫助朋友，但又受不了別人在自己面前太囂張，想幫忙，又不想太深入，也不想管太久，自相矛盾，所以常會給人反覆無常、忽冷忽熱的感覺。

比肩星、劫財星太多的人，喜歡有正官星、七殺星來制化，比肩星、劫財星的人是行動派，有行動力很好，但是最好有審慎的事先規劃，正官星、七殺星的人較善於管理、計畫、謀略，比肩星、劫財星的人會覺得正官星、七殺星的人很婆婆媽媽，但是如果你有正官星、七殺星的朋友，遇到事情建議你找他們商量，雖然聽他們的建議你會很不耐煩，正官星講話很有條理，所以冗長，有時怕你聽不懂還會舉許多例子，劫財星很沒有耐性聽完全部，常會顯得坐不住，有一部卡通影片「灌籃高手」裡面的主角「櫻木花道」就是很明顯的比肩星、劫財星的個性（應該還有加上傷官星的成分），但是如果你能耐住性子聽完，冷靜思考對方的建議，肯定可以補你的不足，發現自己的盲點。

或者也可以找食神星、傷官星的朋友幫忙，他們有才華，想法豐富點子多（食神星、傷官星），說話、行事比較文雅（食神星），可以降低比肩星、劫財星的暴戾、囂張氣焰與衝動。

每個星神各有其優缺點，建議大家身邊要多收集不同星神的優秀朋友，有野心創一番事業的人，身邊要有自己的智囊團，養兵千日，用在一朝，如果你自己懂八字命理，適才適用，必能事半功倍，尤其是比肩星、劫財星的人，你們本來就很會挺朋友，多交益友，斷絕損友，你們的人生就會變成彩色的喔！

建議八字裡不見比肩星、劫財星或比肩星、劫財星只有暗藏且只有一個的人：有空要主動找找朋友，到親友家活動，學一些動動手腳的運動或手工藝，活動活動，人要活就要動，瑜珈、太極拳、散步，這些運動可以讓你自己一個人完成，又可以達到活動筋骨的效果，身體健康精神好！遇到困難時要懂得求救，找人幫忙，團結力量大，一個人扛五十公斤，找個朋友變成一個人二十五公斤，找足十個朋友，每個人只要輕鬆的拿五公斤就好，要懂得運用人脈資源，或找個有豐富人脈資源的好朋友，對你的生活會有很大的幫助，祝福你！

傷官

傷官：是我所生出、我所發揮者。例如：甲（陽木）為日主，木生火。甲（陽木）遇丁（陰火），丁火就是甲木的「傷官」。

其他：乙（陰木）生丙（陽火）；丙（陽火）生己（陰土）；丁（陰火）生戊（陽土）；戊（陽土）生辛（陰金）；己（陰土）生庚（陽金）；庚（陽金）生癸（陰水）；辛（陰金）生壬（陽水）；壬（陽水）生乙（陰木）；癸（陰水）生甲（陽木）。陰陽相生，就是【傷官】。

代表人物：奶奶（阿嬤）、孫兒、下屬、晚輩、學生、僕人，女命的兒子（女兒）。創意發明、鬼點子、口才、學習能力。

傷官星是能力才華的表現，凡是口才好，反應快，鬼點子特多（說話很直接很令人招架不住的），你大都可以在他的命盤裡輕易的找到這個星神，主持界裡胡瓜、吳宗憲、于美人、陶晶瑩、小S等，都是食神星與傷官星的代表人物，演藝界裡林青霞、周星馳等都是代表人才，作者在前面六十甲子日干支裡，都有收集他們的生日，大家可以找出他們的命盤出來研究，或是藝術家、詞曲創作、演說家、政治家、業務人才、成功的商人……等等。

傷官星的人，聰明、善辯、機靈、學習快、才華洋溢、領悟力與創造力強、喜歡表現自我、逗人開心、熱愛看到別人因他的言行所產生的錯愕之後佩服的表情（或沒輒的被打敗的樣子），非常在意他人的肯定與掌聲，是團體中的開心果，很會帶動氣氛，善於引導別人的情緒，喜歡學習，勇於追求理想。

在一個團體中如果你發現有一個人嘴很賤又很毒，但是只要他一說話大家就笑呵呵，連被他損的人也對他沒輒，只能搖搖頭跟著笑，通常這個活寶，就是傷官搭配偏財，如果少了偏財，人際關係就會差一點，差在有一些人笑了，有一些人覺得說的太過分了，被開玩笑的當事人也會比較有受傷的感覺（所以傷官星有無搭配財星，非常重要）。

舉例幾個大家比較熟悉的傷官星名人：金庸（喜歡看武俠小說的朋友，應該沒人不認識他老人家），楊麗花（歌仔戲曲最具代表的人物，也是年干、月干皆透出傷官），方芳（千變女郎），林青霞（影壇早期最有名的女星，年干、月干皆透出傷官），李小龍（喜歡看武打動作片的人不可能不認識他，月干透出傷官），鄧麗君（聲音有如天籟的女歌手，年干食神月干傷官），希特勒（政治界的超級演說家，聽說他的演講非常能撼動人心，年干傷官月干食神），周星馳（喜劇天王，年干傷官），徐熙娣（訪問讓人難以招架的美麗主持人，年干、月干都是傷官），柯林頓（前美國總統，年干、月干都是傷官）。

相對的傷官星也有它的缺點：說謊、詭辯、欺騙、不守時容易遲到、不負責任、得理不饒人、度量狹小容易記恨、恃才傲物、傷人自尊、不遵從傳統倫理、不屑禮教、廣學而不精、好管閒事而招惹是非、缺乏耐心、沉不住氣、狂妄自大、心思多疑、難接受忠言、叛逆、故意、囉唆、嘴賤、炫耀。不懂得自我反省，報復心強，是非多，自我管理控制能力較差，無法遵守承諾卻又容易輕易答應他人的要求。

不理想的傷官星，常有寵壞他的長輩（例如阿嬤、母親），所以如果你看到自己的小孩有很明顯的傷官，你要多注意你有沒有容易被他說服而讓他予取予求，傷官星因為聰明，所以童年早期的養成教育與環境非常重要，不要太順遂反而對他是好的，可以激發他的上進心與不服輸的努力，當然身邊也要有關心他的親人，讓他不致偏激走入歧途，慎選朋友是傷官星的要務，觀察一個傷官人的成就與人格，他身邊的親人（尤其是母親）和朋友很重要，如果你發現他對長上有禮、對父母有孝心，身邊充滿益友，這人一定能有所成就，如果長期樂善好施，更是錦上添花，後福無窮。

傷官星容易與家人產生糾紛，家境如果不錯會有遺產爭執的問題，最好能事先防範，不小心會有官司法庭的麻煩。在外面也需謹言慎行，否則容易因失言而惹禍上身，是個是非比較多的星神，平常建議多修口德，學習讚美別人。

傷官星在家庭的關係中容易顯得碎碎唸而惹人嫌，在婚姻、家庭中最大的問題點就是爭吵，傷官星人是職業型的人才，不管你是男傷官或女傷官，最好有自己的工作，把精力用在外面的表現上，適當的成就感對傷官星人非常重要。當你要娶或嫁一個傷官星人，你要清楚知道不能讓他只是待在家裡，久了你會受不了他的疲勞轟炸，因為他會把精力集中發揮到你身上，請記住，他需要屬於自己的舞台。

而傷官星人要學習用讚美代替責備、挑剔甚或諷刺，那是非常重要的事情，許多強勢的傷官人會把另一半壓的喘不過氣來，請你學習感謝伴侶的包容與支持，才能讓你有無後顧之憂的發揮舞台，當你成功時，要學習收斂自己過度的氣焰與光芒，家庭的和諧可以讓你的成功更圓滿，尤其是傷官女，謾罵另一半，只會把一個人的志氣消磨掉，切勿做一個茶壺形的討人厭的可怕女人。愛一個人，要肯定他，支持他，讓大家共同快樂！

女性朋友遇到傷官星的大運與流年，男性朋友遇到比肩星、劫財星的大運與流年，或者部分女性遇到比肩星、劫財星的大運與流年，在感情上都是比較不穩定的時候。

傷官星剋制正官星、七殺星，顯現的情形是女方容易發現男方的缺點，或是因為爭吵而分開，也可能是女方突然想要擁有自由獨立的空間而有不同的選擇。

比肩星、劫財星剋制正財星、偏財星，常見劈腿事件，突然想要自由，不願意受關係約束，財務狀況危機，家庭發生變故等。

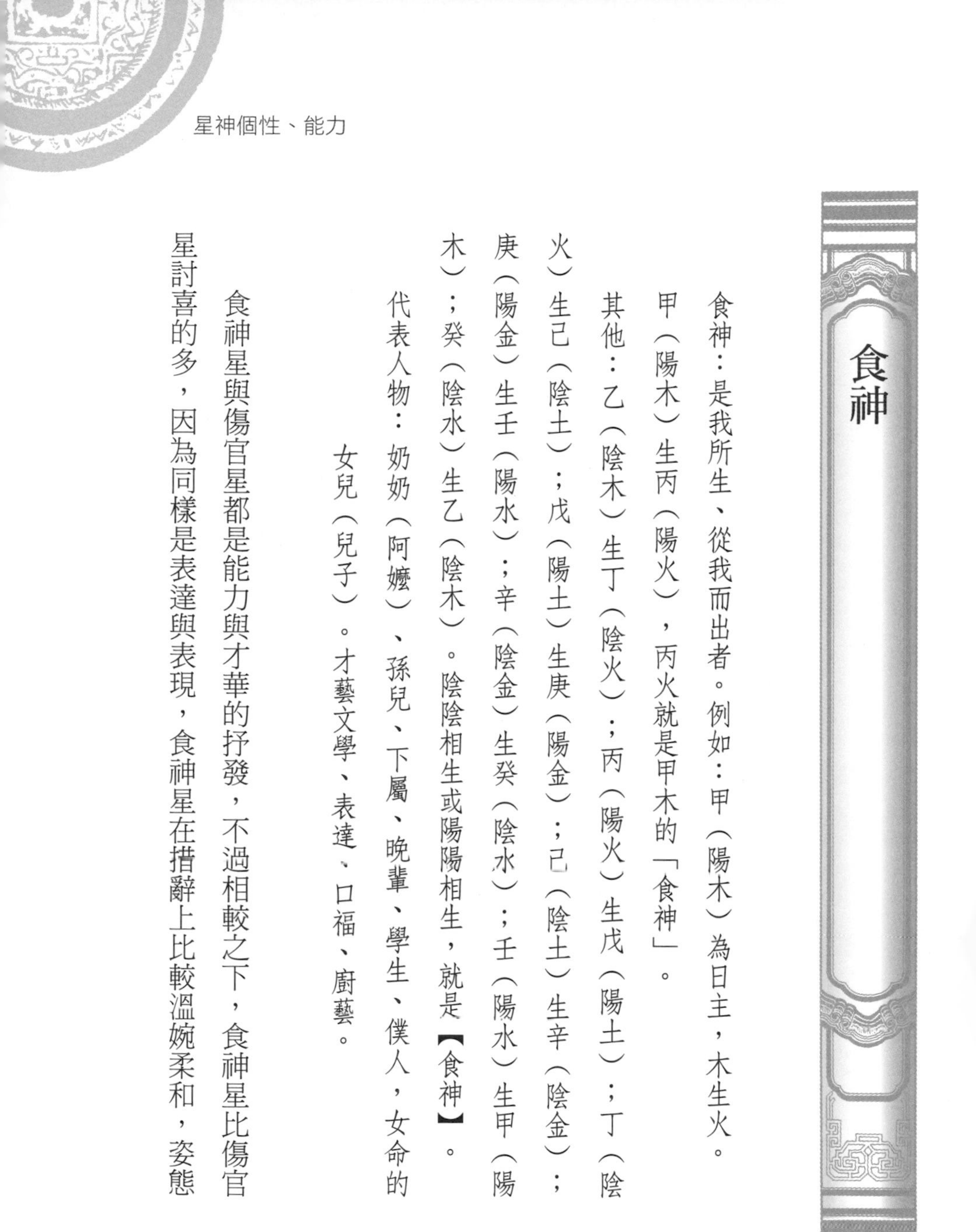

食神

食神：是我所生、從我而出者。例如：甲（陽木）為日主，木生火。甲（陽木）生丙（陽火），丙火就是甲木的「食神」。

其他：乙（陰木）生丁（陰火）；丙（陽火）生戊（陽土）；丁（陰火）生己（陰土）；戊（陽土）生庚（陽金）；己（陰土）生辛（陰金）；庚（陽金）生壬（陽水）；辛（陰金）生癸（陰水）；壬（陽水）生甲（陽木）；癸（陰水）生乙（陰木）。陰陰相生或陽陽相生，就是【食神】。

代表人物：奶奶（阿嬤）、孫兒、下屬、晚輩、學生、僕人，女命的女兒（兒子）。才藝文學、表達、口福、廚藝。

食神星與傷官星都是能力與才華的抒發，不過相較之下，食神星比傷官星討喜的多，因為同樣是表達與表現，食神星在措辭上比較溫婉柔和，姿態上比較柔軟有氣質，食神星的人樂天知命，有口福、口才、口德，是古代的好媳婦優良人選（其他正印星、正官星、正財星也是古代好媳婦人選）。

食神星偏於內向，相對於傷官星的外放、侵略性，食神星給人的感覺比較有親切感，含蓄而略為保守，善解人意，願意為他人解決糾紛，溝通協調的技巧良好，很重視精神與物質的平衡，對藝術有偏好，熱愛美食，通常也容易有不錯的廚藝，感情生活豐富，知足常樂不強求，喜歡選擇舒適有品質的生活，有點文人雅士的瀟灑，風流而不下流，不自找麻煩，有時顯得有點慵懶，不喜歡太勞力的工作。

食神星人如果在其他天干看見一個正財星或是偏財星，通常就可以知道是個好命人（命主不宜太弱），尤其年干食神星，月干正財星或偏財星，通常家庭環境優裕富足，不愁吃穿，父親也很疼愛，父親通常是商人或主管級的職務，可以讓命主從小有學習的對象，因為彼此互動良好，所以也讓命主在成長的過程中學到父親的專長與交際應酬的能力，到長大成人後自然俱足了社交應對與處理事情的基本認識。

一般而言，食神星搭配財星是商業人才，在人際關係上會有一些本能的應付能力，比起同輩年紀的人顯得長袖善舞，如果父母懂得栽培，而不是只要這種小孩死讀書（他們的課業方面除非硬逼，否則只是普通而已，硬逼他們會很痛苦，但成績的成長空間有限），給他們一個專業方面的學習反而比較適當，不同的格局有不一樣的特長，適才適用，就個別資質給予不同的培育，才是有效的培養人才的方法，如果每個人在童年得到適當的引導，給予理想的環境，相信每個人都可以有所成就，得到自己的一片天地，這部分如果日後有機會且讀者有興趣，作者也希望可以就教育部分整理出一本系列書，現代小孩不分資質，一味的填鴨式教育，壓力之大，實在可憐，如果可以依據每個孩子個別的興趣、專長，給予培育引導和學習方向，選擇適當的學校科系，相信孩子們會有快樂的學習，這樣會得到更良好且有效率的教育成效，現今的社會也可以減少某些的憂鬱症、問題青年及自殺人口。

傷官星、食神星人很有表演才華，加上反應快，學習新事物迅速，許多演藝人員、歌星、主持人、藝術家（與創意有關的行業，例如詞曲創作、作家、畫家）很多都是這個星神的人才，或者就是當他們走到傷官、食神大運、流年時，正是他們走紅的時候，也常有機會就在傷官流年、食神流年發表他們的當紅代表作品，有這方面研究興趣的朋友，可以從許多優秀演藝人員的命盤裡得到印證。如果命局中已經有財星，命主不弱的人，在食神、傷官大運、流年就是他們的事業賺錢與成名領獎的時候。

舉例幾個大家比較熟悉的食神星名人：王永在（台塑企業集團副董事長）、胡瓜（主持界名人，年干、月干都是食神），吳宗憲（主持唱歌都能拿獎，月干食神）、周美青、金城武（2007年他被評為在華外國女性心目中最俊俏亞洲男士，年干傷官月干食神）、李宗盛（作品多且豐富的作詞、製作人）、三毛、于美人、黎姿、孫芸芸。

相對的食神星也有它的缺點：討厭壓力，不喜歡拘束，懶惰，拖延，逃避現實，自命清高。一般來說大家都會喜歡食神星的人，因為他不給自己壓力，相對的他也不會給別人壓力，但是如果一張星盤裡有超過三顆以上的食神星、傷官星，日主又不夠強時，這時候命主本身的免疫力抗壓性比較差，會影響身體健康，且不論男女，容易沉迷於飲食酒色享樂，生理需求強烈，要懂得節制才好。

對女命而言，如果食神星、傷官星過多（超過四個）命主又弱，地支又剋洩交加（註八），容易淪落風塵，進入特殊行業，如果沒有在年輕時多存點錢，晚年堪憂。建議少買些名牌（沒用到的就賣到二手店去），每個月固定存一筆錢到基金或保險，一定要買一間房子在自己名下（大小沒關係，夠住就好，最好是要付清金額別貸款），每年做健康檢查，至少自己要疼惜自己，有積蓄時，趁早收山退休。

食神星、傷官星太多的人，喜歡有正印星、偏印星來克制：由於學習、反應能力比一般人快，所以許多食神星、傷官星的人容易在初期學習階段，就在團體中出盡風頭，傷官星比食神星沒耐心，通常在剛開始時太容易上手，導致他們志得意滿，以為自己已經學成了，反而沒有辦法耐下心性繼續深入學習，加上他們的好奇心強，容易被新事物吸引，所以常常半途就被其他事物給拉走，半途而廢（不過他們會以為他們學的差不多了）。

因此，許多食神星、傷官星的人會變成半調子，可以跟你說天說地無所不談，但是大多是初級、表面的程度，一旦涉及更深的專業，就會搭不上話，有點尷尬，有時不小心會給人空包彈、半瓶水、不夠腳踏實地的感覺，如果再加上平時因為時間觀念不好常遲到，不經意曾經因為嘴賤得罪過人，林林總總就會影響別人對食神星、傷官星的整體工作能力評估。

就學習而言正印星、偏印星是輸入，食神星、傷官星是輸出，有進有出才會形成一個循環，所以食神星、傷官星需要正印星、偏印星來搭配組合，有持續的專研學習（正印星、偏印星），才有新的內容不斷進步創新（食神星、傷官星），不致流於表面，有吸收有發揮，才能造就一個不斷進步有內涵的專業人才。

所以如果你覺得你是一個懷才不遇的食神星、傷官星人，請停止你的怨天尤人，好好珍惜你的聰明與反應，趁年輕，多多從基礎好好學習並把課程確實上到最後，虛心的請教長輩，耐心的聽前輩的指導，相信依你們的才智，只要肯認真、有耐心（一定要硬逼自己），假以時日，你們一定可以得到應得的成就，世上沒有永遠的懷才不遇，只有不夠努力，加油，再加油！祝福你們。

建議八字裡不見傷官星、食神星或傷官星、食神星只有暗藏且只有一個的人：要學習能把心事說出來，別老是悶在心裡，這樣產生的誤會，很冤枉，而且有時候讓你付出太多的代價，浪費很多時間，很不值得。建議可以去上一些表達、人際關係方面的課程，或許對你會有幫助。尤其是女朋友一直離你們而去的朋友，請多說：「我愛妳！」這三個字，確實有很多你意想不到的功能，多多練習，記得說出口，結果會很棒的，願你們可以把握住你們的幸福與真愛，積極一點，放開一點，幸福是屬於主動的人們的。

正財

正財：是我剋、我所控制者。例如：甲（陽木）為日主，木剋土。甲（陽木）遇己（陰土），己土就是甲木的「正財」。

其他：乙（陰木）剋戊（陽土）；丙（陽火）剋辛（陰金）；丁（陰火）剋庚（陽金）；戊（陽土）剋癸（陰水）；己（陰土）剋壬（陽水）；庚（陽金）剋乙（陰木）；辛（陰金）剋甲（陽木）；壬（陽水）剋丁（陰火）；癸（陰水）剋壬（陽水）。陰陽相剋，就是【正財】。

代表人物：代表男命的正妻，沒有偏財時是男女命的父親，代表姻親、伯叔兄嫂等親屬，同時也代表客戶。錢財、工作、信用、責任感。

正財星人穩重踏實，有責任感，做事按部就班，不浪費，不投機取巧，做人務實遵守傳統，重視物質生活，追逐錢財，講究信用，不隨便冒險，喜歡穩紮穩打，儲存自己的財富，不隨便被人引誘，不貪求不屬於自己的利益，屬於認真儲蓄型的保守型投資人。有時會因為不敢冒險而放棄可以得到的財富，但是相對的也不容易因為貪求而遇到投資方面的大損失。一分耕耘，一分收穫，是正財星的最佳寫造。

正財星對感情專一（但是只能出現一個，太多正財星出現就不算；或另外有偏財星同時出現也不可以），很照顧家庭，是個認真負責不亂花錢的好老公，對未來有長遠計畫的好伴侶，除了比較不浪漫一點，因為他們實事求是，計畫深遠，很認真的規劃你們的幸福將來，包含養老退休、保險理財等等，所以那種花數萬包餐廳，買一百零八朵玫瑰花等花大錢的舉動，絕對不可能是正財星做得出來的敗家行為，他們很瞧不起這種莫名奇妙的鋪張浪費，甚至覺得誇張而不齒，如果妳有正財星的男朋友或老公，這個妳要清楚，懂得欣賞他們的優點，不要抱太多不切實際的浪漫幻想，妳才不會太過失望，甚至放棄他們這張績優股，這是個需要長期投資的人。

命局中有正財星的人，在物質上比較有追求的能力，加上他們有未雨綢繆的觀念，通常在生活中至少是小康而富足的，喜歡出現在地支（因為財不露白），其次才是出現在天干，若是出現在天干，不喜歡旁邊直接連著比肩星或劫財星，容易財進財出一場空，例如年干財星月干劫財星，或者年干比肩星月干財星，地支也是一樣不可相鄰，或者月干財星下面月支是劫財星，月干劫財星下面是月支財星，年或時或日都不宜看見這種組合，出現的位置就要注意所對應的時間（年1～16歲，月17～32歲，日33～48歲，時49～60歲），對應時間就是發生損失或問題狀況的時間點。

如果出現這種組合，常會因為朋友、兄弟姐妹、親人而損失大財，也可能是不當的投資或投機，讓你後悔莫及，或者是女友、老婆被追走的狀況，有這個組合千萬別幫親友作保，尤其是在對應的時間點，或者是有此組合又當你遇到比肩星、劫財星的大運或流年時更要特別的小心避免，若要借錢給親友，請量力而為，把金額降低到自己可以忍受的範圍，要有拿不回來的心理準備，就當作是佈施吧！親友間有通財之義，財去人安樂，但是請訂出自己的底限，保護自己與家人。

舉例幾個大家比較熟悉的正財星名人：麥可．喬丹（出神入化的籃球選手同時是成功的商人），郭台銘（鴻海企業創始人），張艾嘉，蔡卓妍，濱崎步（被美國時代雜誌譽為日本流行音樂樂壇天后）。

相對的正財星也有它的缺點：因為很重視利益所以常常讓人覺得有點吝嗇，鐵公雞一個，正財星人一板一眼，討厭別人不勞而獲，嫉惡如仇，很重視公平分配，所以有時會給人講錢不講情的感覺，其實他只是不想吃虧，他也不會去佔人便宜，但是在跟他們相處的過程中，就會讓某些人很受不了他們的模式，像是花錢不眨眼的劫財星，看正財星在那邊記帳，今天買了二十八元的雞蛋，十五元的蔥餅，劫財星就會在一旁口吐白沫，呵呵。正財星的人很怕損失，得失心很重，所以一旦跟他們有錢財方面的糾葛，你要小心謹慎的談判，而且一定要說清楚講明白（事後才不會有糾紛），雖然是不主動佔你便宜，但如果你自己因為疏忽，不夠精算，他也不會跟你客氣。不過也因為這種計較，就長期觀點而言，正財星人容易因小失大，得小利而失人心，這點正財星人要好好想想，肚量大者才會福氣大，這與你的成就格局有很大的關係，人與人之間的情義，確實很難在加減乘除之中得到答案。

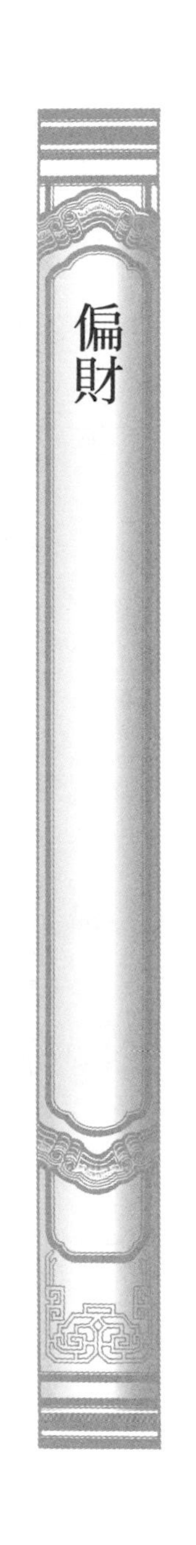

偏財

偏財：是我所剋、我想制約者。例如：甲（陽木）為日主，木剋土。甲（陽木）遇戊（陽土），戊土就是甲木的「偏財」。

其他：乙（陰木）剋己（陰土）；丙（陽火）剋庚（陽金）；丁（陰火）剋辛（陰金）；戊（陽土）剋壬（陽水）；己（陰土）剋癸（陰水）；庚（陽金）剋甲（陽木）；辛（陰金）剋乙（陰木）；壬（陽水）剋丙（陽火）；癸（陰水）剋丁（陰火）。陰陰相剋或陽陽相剋，就是【偏財】。

代表人物：不見正財時代表男命的正妻，有正財時代表男命的情人、外遇，男女命的父親，代表姻親、伯叔兄嫂等親屬，同時也代表客戶。錢財偏財、應酬、享樂、浪漫、人際關係、遺產。

偏財星人長袖善舞，善於交際，喜歡熱鬧，樂於與人相處，可以說是十個星神裡最活潑、最有人緣的星神。偏財星慷慨大方，重視人情世故，輕財好義，喜歡出風頭，判斷反應力極佳，善於利用情勢，聯合身邊有用的資源，熱於助人，出手大方，不喜歡待在固定的環境，愛到處玩樂，因為平常廣結善緣，所以一生常有貴人相助，也因此常有意外的收穫與意想不到的奇遇。

如果說正財星是固定穩定的收入，那偏財星就是驚喜的意外之財。所以在代表人物裡，正財星代表在家中明媒正娶的妻子，偏財星是在外面意外的豔遇、妾室、小祕，也就是最近很流行的小三。

正財星是平常固定工作所得的薪水，偏財星是業務收入、業績獎金、投資、投機、賭博、彩金、遺產，有時甚至是一些見不得光的贓款、賄賂回扣。

偏財星的人喜歡交朋友，相交滿天下，好像跟每個人交情都很好，很玩得開，到處尋找機會，懂得掌握時機，對資源有靈敏的直覺，善於聯合對自己有用有利的情勢與人脈，所以這也是為什麼偏財星人能得到意外之財的原因，因為他隨時在準備的狀態，人脈廣闊到處遊走，言談之間已經在腦中轉了幾轉，你以為他看起來輕鬆的近似三八，殊不知他已經得到他想要收集的情報與資訊，且在心中盤算著如何運用與連結。

如果命局中已經有食神星、傷官星，且命主不弱的人，當他們行經正財、偏財大運、流年時，就是他們的事業賺錢的時候，這裡是指各行各業，也有的是繼承遺產，中彩券領彩金的機會，近年來有幾位企業大老往生，各位有興趣可以查詢他們的孩子的生日，機率很大剛好是他們的偏財運或偏財年。

但是如果本命局完全不見財星，因為目前走財運而發財的人，千萬要記得，一旦是屬於這種財運來而發財的財富，通常運完財運即止，在財運將過的最後幾年，一定要適時的收手或保守經營，可以守成經營，切勿在財運將過的最後幾年還要擴大營業、增設分店甚至轉投資，尤其忌諱不熟的行業，只是聽信朋友、兄弟說有多好的更加不可，會造成把前面賺的也賠掉的損失與風險，過度擴張還會造成日後的負債，切記，切忌！

舉例幾個大家比較熟悉的偏財星名人：鄧小平，余光中，謝長廷，陳文茜，王家衛，梁家輝，陳小春。

相對的偏財星也有它的缺點：偏財星人賺錢快也花得快，容易揮霍無度，不懂得節制，如果本身還沒有相當的經濟能力，就以交際應酬難免要花點成本為理由，加上愛面子，自己也愛風花雪月之類，有時會誤交損友，造成不必要的開銷與負債，如果不小心染上酒色、賭博等嗜好，更是會造成家庭的不幸。許多債台高築卻還是開賓士，滿身名牌，刷卡不眨眼，就是這種偏財星為忌又嚴重受剋的情形。

如果天干偏財星不只一個，整張命盤還有其他的偏財星、正財星，通常在感情生活上會比較豐富，命主夠強，或可以享受齊人之福，但是，如果命主不夠強，那麼就會很辛苦囉！古語有言：「一妻好安眠，多妻無處睡」，一個女人有時就很難搞定了，更何況一個以上呢？就別再提要安撫這些破碎女人心的下場了。「財多身弱」，不管是錢財或妻妾，夠用是福，過多時反而會變成生命的負擔，小心衡量才是有智慧的做法。

古書裡有一段：「月偏財是眾人財（偏財星在月干），最忌干支兄弟來（比肩星、劫財星），身強財旺皆為福（命主身強很重要），若帶官星更妙哉（因為正官星、七殺星可以剋制比肩星、劫財星，讓他們不致為害，也讓日主有規劃管理與自制的能力），凡見偏財遇劫星，田園破壞苦環貪，傷妻損妾多遭辱，食不相資困在陳，若是偏財帶正官，劫星若露福難干（劫財星比肩星明現在年、月、時干上），不宜劫運重來拼（大運流年又遇到比肩星、劫財星），此處方知禍百端。」

總之，偏財星就是怕比肩星、劫財星，不管是命局中透出，地支中出現，行運流年跑來破壞，只要是命盤裡明現偏財星的朋友，都該小心防範比肩星、劫財星的大運與流年才是。若命中就是這種格局，平常多佈施，金額不拘盡量把次數增加，常幫助朋友，適量的救濟身邊困苦的人與慈善團體，也是一種主動的花錢消災的善行，要知道能量是流動而環環相扣的。

建議八字裡不見正財星、偏財星或正財星、偏財星只有暗藏且只有一個的人：不善於交際應酬不會做公關的你，請把你的時間好好的用在增加自己的才能，最好是專業的技能，提升競爭力，讓自己可以在團體中有被請教（例如數學在班上最強）或被諮詢的價值，雖然你不懂得主動找別人，至少讓別人想要找你，甚至有求於你。

如果無法做到，請每天在鏡子前面練習微笑，盡量讓嘴角上揚，這樣至少不會讓人覺得你很難接近，時常擺張撲克臉（尤其是天干七殺星明現的人更容易讓人誤會，好像很酷的樣子）。當然如果可以的話，主動對身邊的人問好，說話多一點詞句（別太句點王），在這個社會生存，會做人有時候真的比會做事重要。

如果上面提的你都覺得很難，那麼偶爾請身邊的人喝杯泡沫紅茶（或其他你請得起的任何小東西：糖果、餅乾、點心等等），人手一杯，不分大小，安靜的釋出善意，廣結善緣，久而久之，同事、朋友們就會知道你只是不善言詞，但是是個友善親切的人。

財星是日主所剋的東西，也是日主想掌控的東西，命中沒有財星的人，除了對金錢比較沒有概念（所以可以去上一些理財的課程或讀一些理財方面的書籍），在感情上也比較吃虧，因為嘴巴不甜，態度不夠柔軟，在人與人之間少了一些親密的互動，男人會比較不懂得示愛，容易是個不解風情的呆頭鵝，女人會比較不會撒嬌，硬綳綳的，不小心就把氣氛搞得挺僵，這個部分要透過用心的學習，重要的是也要找到了解你，懂得欣賞你的另一半，加上自己有自覺，願意在相處上偶爾自己加點努力，為生活添加一些情趣。

財星有時代表一個目標性，沒有財星的人有時顯得比較淡薄，生活好像缺了一個明確的方向，如果本身真能置身事外，倒也不見得不好，清淡平安的過日子，是很適合修身養性的，怕的是有些人無法認清自己的個性，不知是因為能力不足或前途渺茫（尤其是有食神星、傷官星卻不見財星的人），好像有能力，卻又看不到成績，這類型的朋友，務必要先找到自己的目標，一個動機，甚或自己所愛的人、事、物，一個讓你願意為它努力奮鬥的動力。

缺乏財星的朋友，你們的火總是燃燒得不夠強，做事不夠積極，請一定要找到你願意無怨無悔為它付出努力的標的物或人，也可以是自己，請為年老的退休的自己努力，要知道「成功」，需要全力以赴。

正官

正官：是剋我、管理我者。例如：甲（陽木）為日主，金剋木。甲（陽木）遇辛（陰金），辛金就是甲木的「正官」。

其他：乙（陰木）遇庚（陽金）；丙（陽火）遇癸（陰水）；丁（陰火）遇壬（陽水）；戊（陽土）遇乙（陰木）；己（陰土）遇甲（陽木）；庚（陽金）遇丁（陰火）；辛（陰金）遇丙（陽火）；壬（陽水）遇己（陰土）；癸（陰水）遇戊（陽土）。陰陽相剋，就是【正官】。

代表人物：代表長輩、師長、主管、老闆，男命的兒子（女兒）、姪女、姪兒、女命的丈夫。管理籌劃、升官、責任感、規矩。

正官（管也），因為是受剋的關係，正官星、七殺星的人外表都會給人一種嚴肅壓抑的感覺，正官星較為斯文儒雅，七殺星有一種武官（軍人）的氣質。

正官星的人通常守規矩、守法律，擅長思考企劃，溫厚沉著有責任感，在團體中有服務精神，君子風度，服從紀律，安靜守本分。如果正官星、七殺星在年干，有很大的機率會是家中的長子、長女，通常家庭教育比較傳統，管束也比一般家庭多，從小就被要求規律，認真負責，尊敬長上，如果月干還有印星（正印星優於偏印星），通常會有不錯的家庭環境。

在八字中正官星是貴氣的象徵，也代表著功名，古代「士、農、工、商」，士排在第一位，讀聖賢書就是為了一朝可以金榜題名，考取一官半職，榮耀家族光宗耀祖，所以在古書中很重視正官星，男人的命局中有正官星者，仕途有望（有正官星還需身強才有用，命主過弱時不見得是好）；女人的命局中有正官星，易得良婿，通常會被說有官夫人的命（一樣需要看其他星宿的搭配才可以）。

正官星的人很容易分辨，一般從小就會有乖寶寶的氣質，功課好，品行佳，服從負責，自動自發，個性溫和善良，不太讓父母擔心，這是正官星為命局喜神的狀況，除了有點不太懂得變通，太過「古意」了，正官星人通常是家裡面長輩心中的好孩子。（正官星成格有一些忌諱，如果你覺得沒有上面的優點，就是其他星神沖剋刑合產生變化，或因為行運有所變動。）

舉例幾個大家比較熟悉的正官星名人：香奈兒、郝柏村、蔡萬才（國泰產險企業）、阿諾．史瓦辛格、王雪紅、何麗玲、蕭薔、瑪丹娜、妮可．基嫚。

相對的正官星也有它的缺點：正官星個性會有一點呆板有點懶，擅長的是企劃而不是執行，講究條理卻有時太過瑣碎，你要他講述一個他經歷一小時的過程，他很難在三分鐘內簡單扼要的說清楚，正官星過多時甚至有點不知變通（如果你發現你的命盤裡有超過四個以上的正官星或七殺星、或者天干位置透出2個以上的正官星、七殺星），過多時個性會顯得優柔寡斷，遇到決策時猶豫不決，想太多，容易受到身邊的人影響，重要的是，當你官殺過多時相對的其他星神就少了，官殺星主思考籌劃，所以除非有相對強勢的印星（正印星、偏印星），否則很容易變成思想家：想得多，做得少，行動力就會較為薄弱，不夠腳踏實地。

正官星人很愛面子，受不了人家阿諛奉承，所以遇到善於狗腿的偏財星，口才好的天花亂墜的傷官星，或是煽動力強的劫財星時，正官星有時會傻傻的被人帶去賣，還在旁邊幫人數鈔票。

命局中只要有正官星就不喜歡再看到傷官星，不管是命局中天干上兩星神直接明現，或者在大運流年裡碰到，「傷官見官為禍百端」，正官星是最講究規矩與傳統的星神，而傷官星是最隨性最不按牌理出牌的星神，兩個完全衝突的星神放在一起，除了互相衝突，造成矛盾，做起事情來反反覆覆，猶豫不決，自己都感到很痛苦，常常在心中自己跟自己打戰，搞到最後什麼事也做不起勁，沒有效率，容易情緒失控，尤其對親近的人更是顯得暴躁，對外面的人卻變成偽善（也沒有這麼嚴重，就是很怕得罪人，想爭取又不敢態度太強硬，總之就是整個想太多），搞到最後，常會變成失去原則，親痛仇快，因為親人必須跟著你受委屈，承受錯誤決定的後果。

七殺

七殺：是剋我、約束我者。例如：甲（陽木）為日主，金剋木。甲（陽木）遇庚（陽金），庚金就是甲木的「七殺」。

其他：乙（陰木）遇辛（陰金）；丙（陽火）遇壬（陽水）；丁（陰火）遇癸（陰水）；戊（陽土）遇甲（陽木）；己（陰土）遇乙（陰木）；庚（陽金）遇丙（陽火）；辛（陰金）遇丁（陰火）；壬（陽水）遇戊（陽土）；癸（陰水）遇己（陰土）。陰陰相剋或陽陽相剋，就是【七殺】。

代表人物：代表長輩、師長、主管、老闆、男命的女兒（兒子）、姪兒、姪女，女命的丈夫、情人、外遇及夫家的姐妹。領導、運籌帷幄、使命感、權力。

七殺星的人有一種權威與氣魄，通常也很有領導能力，不怒自威。講

義氣，善推理，有優異的判斷力，有進取心，做事勇敢果決，有毅力，有鬥志，可以衝鋒陷陣勇往直前，個性嫉惡如仇，抑強扶弱，不善虛偽客套，有革命精神叛逆性格，個性鮮明不妥協。

與官殺星的朋友在一起即使他們並不是有意，你也會略覺得有壓力感，七殺星尤其明顯，七殺星的人通常表情嚴肅（幸好現在流行酷男酷妹），做事嚴謹，不苟言笑，常常會給人一種好像他正處於一種不太愉悅的狀態，相信七殺星的朋友，一定常有經驗被身邊的朋友問：「你是不是在不高興？或是在生氣？」之類的話。

七殺星勇敢無畏，做起事情來有點置之死地而後生的魄力，爆發性佳，非常自主有目標性，不到目的絕不輕言放棄，不輕易向惡勢力低頭，孤傲極端，有骨氣不屑逢迎拍馬，可以接受一般人無法承受的艱難任務（所以許多軍警、特務、運動選手的工作者，常見此星神）。

最喜歡天干見到正印星來搭配，如此一來形成殺印相生，是個能文能武的人才，也會讓七殺星的肅殺之氣得到調和，思慮比較完善沉著，如果能夠好好栽培，給予足夠的學識專業，殺印相生格是個能攻能守的領導人才。

只是殺印相生的被養成過程，通常比官印相生要來得艱苦困難，「天將降大任於斯人也，必先苦其心志，勞其筋骨，餓其體膚，空乏其身，行拂亂其所為，所以動心忍性，增益其所不能。」當你遇到一個有成就的殺印相生格者，你要知道他們的背後一定有著許多不為人知的艱辛奮鬥過程，如果你願意傾聽，通常他們會有一個精彩的故事。

但是如果是正官星、七殺星過多的人（命局中正官星、七殺星過度旺盛的，天干地支多見），又是一種新好男人、好女人代表，因為官殺星過多而造成個性過於受剋或受到管制，反而使他們變成很會壓抑自己去配合別人。脾氣看是很好，不過容易失去自己的堅持與原則，是個濫好人，是好是壞就要看他們身邊的人如何去引導他，還有他自身大運配合的因緣造化了，近朱者赤，近墨者黑。

舉例幾個大家比較熟悉的七殺星名人：卓別林（世界三大喜劇演員之

一）、毛澤東、張小燕、瓊瑤、惠妮·休士頓、金凱瑞、席琳·狄翁、宇多田光、盧彥勳、林宥嘉。

相對的七殺星也有它的缺點：難以親近容易給人壓迫感而不自覺，衝動行事缺乏冷靜思考，有時為達目的手段極端，不計後果，雖然那種不顧一切的果斷與堅忍，不是其他星神所能做到，但是如果你是他的敵人，你也會領受到那種壓力與殘忍。七殺星個性內向內斂，如果沒有足夠的教育涵養（所以受教育對七殺星非常重要），會容易偏激衝動，心胸狹窄，有仇必報，手段極端，善於剷除異己，不理會人情世故，許多道上兄弟容易在命盤中看見此星神。

有一種人是官殺混雜，就是在八字命盤裡正官星、七殺星兩星神都很多，比例不分上下，兩星在天干地支都可以明顯見到，這時在個性上會顯現一種優柔寡斷，混淆不清的狀況，遇事難決，心猿意馬，常會不經意的心神恍惚，意志不集中，所以常會發生意外或有血光之災。

男生這種個性比較難成大器，因為做事沒有魄力，又不夠堅持，容易虎頭蛇尾，思慮過多而停滯不前，建議不要自己創業，要學習一技之長，做工作比做事業收入穩當，交友對象很重要，若是交到壞朋友，容易誤入歧途，若是家中父母忙沒人關心你，請一定要找學校的師長商量，也可以諮詢社會團體，例如「張老師」「1980‧安心諮詢專線」，每天8:30～22:00提供「安心諮詢」及「專業諮商」。

而女生這種格局則還有一種困擾，就是異姓緣太好或個性過於拘謹、好欺負，如果重複遇到官殺流年容易失身、意外、受傷，要注意自身的安全，避免與異性單獨相處或獨自走在偏僻的地方。

或許有人會說有人追很好啊，問題是同時很多人追，妳的個性又不善處理不懂拒絕，這時候就不太理想，下場通常不太圓滿。如果是結婚後本身已經有小孩還是這個個性，情況就會更加複雜糾纏，產生家庭問題。

（備註一下，上面提的這種女生在古式命理都會說不是好命的女人，也不是良家婦女人選，建議培養自己的定見，學識，堅持立場，勇敢說「不」，幸福與命運是掌握在自己手上的。）

因為官殺混雜會產生很多人追的情況，通常個性溫和的追求者都會先打退堂鼓，而到最後留下來的就都是比較強勢的追求者，女生不懂得堅持，又不清楚自己要什麼，到最後很容易隨波逐流，如果太早戀愛，又太早嚐禁果，很容易奉子成婚，太早進入婚姻，不夠成熟也失去許多學習與進入社會的機會，婚後柴米油鹽醬醋茶，許多人會後悔沒玩夠就太早進入婚姻的責任。

例如有一種人明明在婚姻裡很痛苦忍耐，卻又不敢自己轉變或脫離，只能一邊抱怨卻還是身陷在重複的困境裡，無法自拔，通常就是官殺過多的人（不一定是婚姻，有時是一種處境）。如果是婚後才遇到個性強勢的冤家，那又是一個婚姻風波了，所以看到自己命盤是這種類型的，請練習勇敢的說：「不！」很重要！一定要學習堅持。有無法解決或下決定的事，一定要求助於長輩、親朋好友，千萬不要一直忍，忍無可忍重新再忍，那樣會把事情惡化到很難挽回的地步，別人想幫妳也力不從心啊！

（在人物代表上正官星、七殺星分別是代表丈夫、情人，所以官殺混雜容易追求者眾。另外官殺星明顯的人在臉部線條會出現輪廓深、線條分明的模樣，是現代流行的帥哥辣妹型，俊男美女當然很多人追著跑。）

另一種情形是官殺星皆不見，這種女人容易選擇單身，看起來很獨立的樣子，其實最主要是因為官殺星不見的人，熱愛自由，受不了有人管東管西。如果命局中劫財星、傷官星又明現的人會更加明顯。官殺星不見通常有可能是印星過盛、食神傷官星過盛、劫財比肩星過盛、財星過盛四種（星神一共有五大類，少了一類其他的就變多了），這四種情況個性較為凸顯，其他當然也有不同的搭配組合，但是需要個案討論，如果是前面過盛這四種情形，請到各自星神的部分去看解說。

下面是寫給一些女生看的，如果妳的命盤中只有一個正官或七殺（最好可以搭配一個正印或偏印），那麼很恭喜妳，通常妳在感情路上會比一般女生平順許多，妳喜歡的類型跟會出現來追求妳的男人，比較單純，妳也很自然的知道自己想要什麼，不要什麼，態度明確，從小家庭教育也比較嚴謹，在談感情的過程中雖然較為平淡，可是會比較容易得到幸福（不像官殺混雜的轟轟烈烈或混亂）。

但是如果妳的天干透出兩個七殺星或兩個正官星，或是正官星、七殺星同時出現（包含天干和地支），就會建議妳盡量把婚期往後延，至少別在自己都不確定喜不喜歡對方的狀態下草率結婚，或因為長輩的壓力下輕易成婚。

兩個七殺星或者正官星、七殺星同時多現，加上天干日主下面僅有一位七殺星（例如日主：乙酉、己卯），這種女生有一些比例容易遇到會有暴力傾向的伴侶或二次以上婚姻的可能性，如果妳是這種八字組合，建議妳婚前要細心觀察妳的伴侶、交往對象，千萬不要閃電結婚或奉子成婚，交往時多跟男朋友到朋友、長輩那邊走動（雙方的朋友與長輩還有家庭），事後聽聽長輩的想法，身邊親人及朋友們綜合的觀感，參考一下旁人的看法，同時妳自己也要觀察他身邊的朋友，所謂物以類聚，眼睛要張大一點，閉上眼睛是婚後要做的事，總之要多一分細心，婚前小心總好過婚後傷心！祝福所有的女人可以找到疼愛自己的伴侶。

寫這些是一種提醒，不是在宣告妳的命中註定，當妳能夠謹慎的選擇妳的婚姻與伴侶，妳的智慧與謹慎就可以為妳的生命加分，自然也可以避開生命中一些可轉化的挫折，官殺多的女性，要多親近父母、長輩，選擇對象也要多考慮父母、長輩的意見，不要太早結婚，建議增加自己的學識、學歷、經驗，那會幫助妳的思想與選擇，最重要的是：不要勉強自己，要勇敢拒絕。

若是妳正處於剪不斷理還亂的境地，每次拒絕又敵不過對方的糾纏、哀求，建議妳搬離開（用什麼方法就要求助家人朋友了），換手機，換地址，換個心情，千萬別回頭！（別辜負幫助妳的親友，也可多親近妳的宗教）

如果妳的家庭有暴力環境或妳有這種八字組合的女性，建議妳平常可以固定花一分心力，以做義工或捐贈的方式（金額不拘）幫助這一類的機構，例如：勵馨基金會、家扶中心、未婚媽媽之家，時常自助助人，相信好因善果自然會有圓滿的婚姻及愉快的感情。祝福每個人！

建議八字裡不見正官星、七殺星或正官星、七殺星只有暗藏且只有一個的人：正官星、七殺星主管思考籌劃能力，正官星、七殺星皆不見，做事情通常會比較衝動，沒有計畫，想做就做，不管後果，不喜歡受拘束也不大管遊戲規則，太過拘束或太多規定的工作，你做起來會比較痛苦，自由業、個人工作室類型可能會比較適合你，如果要自行創業，由於不善管理，不建議需要員工很多的經營模式，除非你找的到很好的管理人才，你又能知人善用。建議研讀時間管理、企劃管理方面的書籍，或找一位善於管理的朋友影響自己，督促自己。

正印

正印：是生我、滋養我者。例如：甲（陽木）為日主，水生木。甲（陽木）遇癸（陰水），癸水就是甲木的「正印」。

其他：乙（陰木）遇壬（陽水）；丙（陽火）遇乙（陰木）；丁（陰火）遇甲（陽木）；戊（陽土）遇丁（陰火）；己（陰土）遇丙（陽火）；庚（陽金）遇己（陰土）；辛（陰金）遇戊（陽土）；壬（陽水）遇辛（陰金）；癸（陰水）遇庚（陽金）。陰陽相生，就是【正印】。

代表人物：代表母親、祖父（阿公）、長輩、老師、貴人、供應商。

印鑑、學歷、學習求知、慈悲、宗教信仰。

正印星是慈悲善良的代表，有責任感，親切溫和，尊敬長上，很有長輩緣，常得貴人相助，個性老實為人厚道，聰明有內涵喜歡閱讀，吸收學習能力好，喜歡自我充實有上進心，做事有耐心，不計仇也不愛斤斤計較，所以很得人和，能夠趨吉避凶，逢凶化吉，重視精神交流。

如果財星是物質的代表，印星就是精神的象徵，印星不強求物質，所以很能看透事物的本質，不受蠱惑，一雙冷眼看盡人間冷暖，明辨是非而不同流合污，不過在比較下，正印星了解而溫暖，偏印星就顯得看透而陰沉，甚至是有點嘲諷了。

正印星人面相敦厚，常給人一種好人、憨人的氣質，其實是大智若愚，但是因為心性不愛計較，常常讓人以為他們好相處、好拜託，其實他們在心裡自有分寸，小事馬虎，大事就會顯露分明的原則，不受利誘，如果天干可以有正官星、七殺星來搭配，更是懂得拿捏情勢，進退得宜，可以掌握權力發揮才華，通常可以在大公司機構成為管理階級的人才，或是可以在公家機關逐步上升為領導階層。

正印星是學習吸收，食傷星是能力的展現，一收一放才能產生平衡與發揮，所以正印星也喜歡食神星與傷官星來搭配，如果正印星是一個溫文儒雅的學者，那麼食神星傷官星就是表達流利的人才，兩者相加就會產生一位有內涵又表達幽默的演說家或老師、教授，也可能是主持人或表演者。

正印星喜歡學習，與長輩緣分深，如果正印星明現，通常記憶力很好，文科會比較強，跟老師的關係互動良好，與母親相處也較為親密，甚至有點依賴（所以受母親影響很深，這時可以從母親的為人與品格，約略分析出命主的格局優劣，大致上，母親與命主互動良好而且是助力時，可以判斷為印星是喜神，反之則否），重視宗教信仰，喜歡哲學、天文、思想、命相一些比較精神面的事物。

舉例幾個大家比較熟悉的正印星名人：李光耀（新加坡前總理）、田中角榮（前日本首相）、李嘉誠（香港商人）、蘇貞昌、洪金寶、黃任中、鳳飛飛、王菲、王力宏、張韶涵。

相對的正印星也有它的缺點：正印星與財星是相剋的，所以通常正印星人不利從商，比較偏向由名得利，例如因為某項學術、研究出名而受聘取得高薪高職，或是在大機構中因才能而受到重用，一般而言生活較為穩定但也趨於平淡，如果命局中摻雜了財星，那就會產生痛苦的矛盾，畢竟商圈的勾心鬥角難免，這對講究清明自守的正印星是自我衝突的，到底是要嚴守信用品格，還是要權宜配合交際應酬，實在是件兩難的事。

另外，如果正印星碰到財星還有一個問題，就是婆媳不合，正印是母親，財星代表老婆，財印本就相剋，如果命局中直接放在一起，不管是直接為鄰，或者上下相接，就會產生財來剋印的現象，雖說是財星剋制印星，但是不一定是財星會贏，要看在命局中誰強誰弱，誰是忌神誰是喜神，但是不管如何，一個男人命局中產生這樣的組合，總是一件頭大的事情，不論誰輸誰贏，夾在中間的人總會變成豬八戒照鏡子（裡外不是人，苦啊！），建議在命局中看到這樣的組合的男士朋友們，盡量可以自己組成小家庭，假日再回去探視父母親（如果可以做得到的話，這樣至少可以避免糾紛），家庭和樂對生活品質是很重要的。

如果正印星過多時也是不好，一味的吸收資訊卻無法消化和吸收，太多東西在腦袋時會有塞住的感覺，反而在課業上有種無法運用的挫折感，很努力讀書成績卻無法成正比的進步（建議這種小孩可以用唸出來或寫出來的方式記憶，對你們的記憶力會有幫助喔！）。在個性面容易變成自命清高，流於理論而不切實際，不善理財卻又聽不進旁人的忠告，不善於表達容易得罪人，在人際關係面會顯得有點自閉，套句現代年輕人的用語，是個「自我感覺良好」的人，或是所謂的「公主病」、「王子病」，通常是由於父母親過於寵溺，導致命主覺得所有人都該如何如何，有點脫離世俗，受到挫折容易受傷，推卸責任不願面對現實，精神面比較脆弱、驕縱，易有憂鬱症的傾向。

男命如果印星過多，不解風情，不懂得如何討好異性，異性緣會較薄弱，而且通常個性比較依賴，像個長不大的小孩，就算交到女友，女友也會在一段時間後因為個性不合而離開，印星貼近日主（直接就在日主旁邊，例如月干、時干、日支），印星過多這類的朋友，要學習去體貼你身邊的人，適當的表達你的愛意與謝意，通常你會不自覺的享受別人對你的付出，而且視為理所當然，時間一久，別人覺得累了，就會離開，務必注意這個盲點。

女命印星過多時，因印星剋制食神星、傷官星（代表人物是女兒、兒子），容易有婦科方面的疾病，不易受孕或懷孕過程不穩定小產的情形，尤其是日時支有：卯酉沖（日支卯、時支酉或日支酉、時支卯），寅申沖（日支寅、時支申或日支申、時支寅），情況最為明顯，一懷孕要注意安胎，沒結婚要謹慎避孕，別一直墮胎，很傷身體，女人要愛惜疼惜自己啊！其次是辰戌沖、巳亥沖、子午沖。有這些沖剋除了注意懷孕的穩定性，也要好好經營婚姻。

偏印

偏印：是生我、影響我者。例如：甲（陽木）為日主，水生木。甲（陽木）遇壬（陽水），壬水就是甲木的「偏印」。

其他：乙（陰木）遇癸（陰水）；丙（陽火）遇甲（陽木）；丁（陰火）遇乙（陰木）；戊（陽土）遇丙（陽火）；己（陰土）遇丁（陰火）；庚（陽金）遇戊（陽土）；辛（陰金）遇己（陰土）；壬（陽水）遇庚（陽金）；癸（陰水）遇辛（陰金）。陰陰相生或陽陽相生，就是【偏印】。

代表人物：代表繼母、義母（乾媽）、褓姆、祖父（阿公）、長輩、老師、貴人、供應商。沒有正印時代表母親。專研、隱私、醫學、五術（山、醫、命、相、卜）。

偏印星的個性古怪、孤僻、孤芳自賞，理解力、領悟力很高，有點小聰明，在古時候的看法，比起正直的正印星，偏印星顯得有點旁門左道，思考方向特異，所以較不為傳統保守派的長輩欣賞，想法與眾不同，多思、多慮、多疑，偏印星不走一般人的傳統路線，喜歡自創一格，所以凡是命局中明現偏印星者，建議務必要多讀書求取學歷（通常求學階段有一些阻礙，建議可以辦理助學貸款，或是畢業後自己賺錢時再回學校繼續讀，也可以加強學習其他自己感興趣的專業技能）。

因為偏印星很適合做學術、工藝的專門研究，具有創意巧思，勇於與他人不同，不拘泥單一想法，善於發現細微變化，有敏感細膩的感受力與觀察力，通常可以在某一項專業領域裡出類拔萃，個性面不樂於人際關係的應酬，遇到喜歡的事物會很專心的深入研究探索（專心起來會廢寢忘食的），如果有專研某種學問或技術，容易因出名而得利，發揮自己。許多發明家、創作家、科學研究者、學術研究界的人常見偏印星、正印星在命盤中出現。

偏印星在代表人物是繼母、偏母、義母（乾媽），在早一點的年代，看到偏印星有時可以問命主小時候是否被送養、領養過（尤其是出現在年干的命主），通常是家中經濟不佳或某些特殊原因，導致命主從小無法與親生母親在一起，或無法完全由母親帶大，但是現代這種情況已經比較少了，比較容易出現的現象是，因為父母親工作忙或離婚或是外遇所生子，所以從小由保母、二媽（或自己的母親就是二娘）、繼母所帶大，或命主至少有一位乾媽。

在命主心理上的感受是，不管是否為生母，從小成長的環境總是沒有足夠的安全感，與母親的相處不像一般家庭的那種舒適、溫暖、安全、理所當然，通常不管母親對日主有沒有助力，但是至少一定可以感受到壓力，不管是過於嚴格要求的壓力，不被歡迎的壓力，不被認同或名不正言不順的壓力，或因為母親太弱而想要保護照顧他的壓力。

偏印星的成長，總會伴隨著一些失落、失望，進而造就他人格上的缺乏安全感與不信任。所謂：孤臣孽子，其操心也危，其慮患也深。

偏印星人善於察言觀色，細查紋理，大部分不愛說話，不喜歡引人注意，與人總有一種距離感，其實是他們的心中有一扇小小的掩蔽的門。建議有自己的宗教信仰，找尋自己心靈的安住之處。

偏印星古字為梟神，貓頭鷹，所以命局中有明顯偏印星者，常有晚睡的習慣，機率很大，而且早上不易起床，起床氣頗大，如果小孩有此情形，建議補充營養，但是他們通常偏食，或者可以補充綜合維他命，加強B群（B群適宜在早上服用，過了下午怕晚上精神太好又不睡覺了），睡前一個小時別太用腦，離開電腦，泡個澡，喝杯溫牛奶，讓自己準備進入睡眠。

舉例幾個大家比較熟悉的偏印星名人：孫運璿、巴菲特（股神）、古龍（武俠小說多產作家）、黃霑（當代粵語流行歌曲重要人物之一，有「鬼才」、「香港四大才子」之一的封號）、歐普拉（美國企業家和電視節目《歐普拉·溫芙蕾秀》的主持人）、梅莉·史翠普、劉德華、甄子丹、光良。

相對的偏印星也有它的缺點：偏印星人非常善感，容易胡思亂想，對不熟的人很冷淡幾乎視而不見（別怪他們，他們只是很容易沉溺在自己的世界，不是瞧不起你或不尊重你什麼的），對熟悉的人又顯得過於依賴（而且越重視越患得患失，所以搞的彼此壓力很大，其實只是因為很怕失去，沒有安全感的緣故）。

偏印星人普遍人際關係不佳，因為不愛說話、不太笑、又不主動跟人打招呼，越是陌生環境情況越明顯，所以如果偏印星剛剛進入一個新環境，很容易讓人產生誤會，覺得這個人很陰沉、詭異、傲慢，不是好相處的人之類的感覺，偏印星人很喜歡默默的觀察身邊的人、事、物，被觀察者如果察覺，會有一種毛毛的感覺，偏印星人很有偵探的特質，善於保守秘密，一旦被他認定，非常忠心，所以一旦你發現他的本質，他其實是個可以交心的好朋友，願意傾聽，善於分析事理，是個軍師人才（只要你能忍受他的怪脾氣，而且他不常主動找朋友，你得主動聯絡他）。

偏印星比正印星缺乏耐性與毅力，學習環境通常也不如正印星好，所以在學習的過程中容易半途而廢（有時是家庭因素），偏印星剋制食神星與傷官星，食神星、傷官星是負責表達能力，而且食神星、傷官星生財星，所以偏印星過多除了會讓命主顯得不善表達（所以不利於做店員、業務，或與推銷有關的工作），也等於剋害了財星的源頭：食神星與傷官星，所以，偏印星人如果不修正一下個性，學歷不高，又沒有一技之長時，容易在經濟上發生狀況，孤傲的個性如果死要面子又不願意低頭，甚至根本因為平常人際關係不良，求助無門，精神面一脆弱，有時就會做出消極或衝動的事情來。

偏印星明現的女性，容易有婆媳、姑嫂的問題，主要是個性孤僻，不善人際關係的經營，做不來三姑六婆那種一下子跟女性同胞打成一片的親切感，加上情緒不佳時，很不會隱藏自己的情緒，一般在剛進入夫家就給人錯誤的不好相處的印象，所以常在與姻親的關係裡產生誤會，可以的話，最好在選擇配偶時，就盡量以可以組織小家庭的對象為優先考慮，可以避免日後的家庭摩擦與麻煩。

建議八字裡不見正印星、偏印星或正印星、偏印星只有暗藏且只有一個的人：從小跟長輩好像比較沒有緣分，不知道如何跟長輩相處，有部分人甚至從很小就跟父母親聚少離多，甚或母親早亡，這是命局缺乏印星的人會有的現象，記憶力比較差，對閱讀興趣缺缺，做事比較沒有耐性，生病時不喜歡看醫生不配合吃藥，缺乏安全感，一旦生氣時，處理態度容易絕裂，事後自己又很後悔。

沒有直接寫建議事項，而先描述個性與狀態，是因為要你們改變不太容易，所以只能請你們盡量避免一些可以控制範圍的情形，不喜歡讀書就要讓自己有一技之長，讓自己擁有一些有用的證照、專長。不想求人，自己就要有真本事。

與家中的長輩不親，就在外面認識或多結交一些良師益友，收集自己的人際資源，「家」有時候不見得是原生家庭，受恩深處便為「家」，每個人都可以創造屬於自己的「心家」。

平常要多注意自己的身體保養，多運動（勞動不算喔），不喜歡看醫生吃藥，就要好好看管自己的健康，一個人要擁有健康，其他的東西才會產生意義，多培養興趣，要有適當的發洩管道，建議找一個宗教信仰，不入教沒關係，想到的時候可以去走走、看看、坐坐的地方。

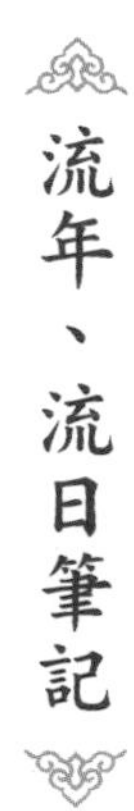

流年、流日筆記

相信許多人都有算命的經驗，今天你有緣看到這本書，我希望可以給大家一個建議，既然你願意花這麼多時間看這本書，而且已經看到這裡，相信你是個很關心自己也很有心的人，請你做一件事，如果你有耐心做一段時間，日後你就可以管理自己的命盤了，我想不會有任何一位命理老師，比你自己還在意你自己，當你可以掌握自己的命盤，透析自己的個性，對你自己日後的進退、舉止思考，想必會有一定的幫助。方法如下：

到書局找一本一整年的記事本，重點：要找那種裡面有附流日天干地支的類型，例如它會標記，民國100年1月1日是：丙辰、沖狗41歲、煞南，1月2日：丁巳、沖豬40歲、煞東。這裡寫的丙辰就是指1月1日當天的流日是丙辰日，1月2日當天的流日是丁巳日，請你每天在每日空白那格，寫下當天比較明顯或特殊的事情，例如：好友來找（男性、女性），腳受傷（大約幾點），花一大筆錢買了個皮包（較大的花費），誰來借錢（身分：親人還是朋友），認識新朋友，被老闆罵或誇獎，中發票、大樂透（多少錢），車禍，被父母親訓話，看醫生，升官，加薪，反正就是當天的重要紀事。

如果你可以回憶過去幾年，在哪一年哪一個月甚至哪一日，發生了一件對你很重要的事，請你要記錄下來，然後找出那一年、月、日，各是什麼天干地支，一段時間之後，你會發現，有某幾個字（十天干：甲、乙、丙、丁、戊、己、庚、辛、壬、癸，十二地支：子、丑、寅、卯、辰、巳、午、未、申、酉、戌、亥），對你特別有影響，當你找出這幾個字，對你就很重要了，所謂趨吉避凶，就是這個道理。

當然，當你累積時間做出整理，也請你繼續看命理書籍，增加自己的判斷功力，相信假以時日，你就是自己很好的命理規劃師，但是請一定要記住，遇到重大決定時，還是請你務必找專業命理老師，要找一位你觀察他的命學理論、著作，或者你曾經找過他，而他曾給你的建議是有用而客觀的老師商量討論，畢竟每一位老師是專業用全天的時間研究鑽研，小事情你可以自己處理，重大事件還是請找專業老師，聽聽他們的意見與看法，相信統合意見之後會比較完整、謹慎。

接下來我就寫出大略一般的命主，遇到不同的星神會有哪些不同的事件與情形，大家可以參考，對應自己發生的經驗，有不同的事件發現也可以記錄下來，也歡迎大家與我分享你的新發現。

大運流年遇到星神的個別效應：（十個星神大約分為五組）

正官、七殺：升官升職（責任變重但是很高興），當爸爸囉（所以壓力擔子變重了，不過這是甜蜜的負擔），工作職位或工作地點變動，考試，考核（身強）；開刀住院，意外傷害，手腳受傷，車禍，官司糾紛，法律訴訟，考試，工作出大問題，被老闆革職，煩惱小孩的事情（身弱）。女性交到男朋友，戀愛，結婚。

自己的發現紀錄：

正財、偏財：公司加薪，事業賺錢，交際應酬多，建立新公司新事業，得到許多工作機會，到處接洽生意，工作賺錢，升官發財，賺佣金，結交女友，結婚，找到新工作，與老婆、女朋友、情人相處約會，中彩券，摸彩得獎，發獎金，得到偏財橫財，賭博贏錢，消費花錢，買到喜歡的東西，購屋置產，繼承遺產，收受賄款（身強）；跟女友、老婆吵架、糾紛，分手，離開，賭博輸錢，投資失利，損失錢財，逛街血拼，遊樂花錢，成立公司但是短時間倒閉，做出錯誤投資決定，損失錢財（身弱）。

自己的發現紀錄：

食神、傷官：與客戶談生意，事業有好發展，成立新公司新事業，藝術演藝工作者創造出新的好的代表作品，大放光芒，走紅，到處賺錢表演，吃到美食，跟奶奶、外婆度過快樂時光，帶小孩出去玩，吃喝玩樂，參觀藝術展覽聽音樂會（身強）；為長輩事情忙碌，拉肚子，為小孩事情操心忙碌，出口傷人、吵架、分手、離婚，口舌是非，聊八卦是非，官司糾纏，躁鬱症，嫉妒，怨天尤人（身弱）。

自己的發現紀錄：

比肩、劫財：與好朋友聚會、聚餐，結伴出遊，認識新的朋友，好朋友介紹女朋友給你認識，合夥事業，選舉參選，參加集會（身弱，身弱人遇比肩、劫財比較容易是好事，但是壞事的部分還是要注意，也是有可能發生）；選舉參選（特殊格局，整盤幾乎同一元素或來生日主者），遺失皮包、錢財損失，朋友、兄弟姐妹來借錢（這個不容易會還，當成佈施吧！朋友有通財之義，但是盡量把金額減少一點），為兄弟、朋友的事情操心揹黑鍋，被朋友倒債，合夥事業失敗，公司倒閉，父親死亡、生病，到遠方工作，女友、老婆離開、劈腿、死亡，與人打鬥，參加集會，出手打女友、老婆，便秘，身體受傷（身強，身強者不喜歡再遇比肩、劫財，就像一個身體很好的人，就不喜歡有人來跟他分東西或財產，但是如果身弱，就希望有人來分擔責任，幫他的忙）。

自己的發現紀錄：

正印、偏印：與父母親、長輩聚會，學習一門很喜歡的課，遇到貴人，遇到老師、長輩，買到適合自己的保養健康食品、維他命，宗教聚會，親近宗教，學習命理，研究學問，看書考試（身弱）；父母有事讓我操心、奔波，心情很不好、憂鬱、胡思亂想，看醫生吃藥，宗教活動，接近宗教團體，看書考試，便秘，頭昏腦脹（身強）。

自己的發現紀錄：

後記

任何命理系統當你學到一個程度後，你會有自己的一套推命看法，或是自身所產生的慣性法則，由經驗中悟出。我的八字老師林老師就時常戲稱他的算法叫「林氏法則」。

近幾年電視媒體資訊的傳播，讓大家對這些不同的命理方式，代表星象都有基本的認識，這裡頭尤其以十二星座大家最為熟悉，但是西洋星座一般大家只知道太陽星座，其餘還有月亮、水星、金星、火星、木星、土星、天王星、海王星、冥王星，這些星星們其實也個別掌管它所專司的部分（例如語言能力、愛情觀念、行動力、業障限制等），只是大部分的人都根據單顆太陽星座，單一顆星就開始論命了，其實離真正的完整論命有頗大的距離，很可惜，也容易產生誤差，這樣是會誤導有興趣的朋友做出錯誤的判斷的。

現在我開始寫十星神的一些特性，也希望不要誤導大家以為單看十星神就可以論命，大家拿著自己的八字命盤，當你看到裡頭有不同的十星神組合，只能說你擁有不同比重的十星神星宿的特性，經由個性特質的增減，請大家藉此思考自己，反觀回憶，若有領悟，可以達到修正心性的效果，反覆練習思考，熟練之後除了自助或可助友。（相對的如果大家要看星座，也該把十顆星分屬哪一個星座找出來，整體來看才會比較客觀。）

新手上路希望大家多多包涵指教，文中若有任何同感或者不以為然的地方，請大家熱心回應，共同討論。謝謝，感恩大家！

為自己的命運努力──方法篇

很多朋友為自己或親人算完命理後，除了世俗上可以努力的之外，如果願意相信宗教的精神力量，我都會勸朋友回去誦唸他們所信仰的宗教的經文，本身是佛教徒的人，通常願意的話可以唸佛號，簡短易記好唸「南無阿彌陀佛」、「南無觀世音菩薩」都可以，唸你覺得親切的就行，基督徒

唸「耶穌基督」，天主教唸「聖母瑪利亞」依此類推。身邊有經驗的人都會告訴你神奇的感受，至少心會有自在的清淨。唸完後可以唸「迴向文」或禱告、感恩你的願望或現狀，例如：期願能早日身體健康、工作順利、感情如意等等。

求財者：多行「佈施」，例如可時常到7-11便利商店，那裡有捐錢箱，或定期捐助任何慈善團體，路上隨緣遇到的行乞者、賣東西的老人家，一元、五元也是「佈施」，重點是養成習慣，時常做甚至天天做，不起煩惱心，金額以自己歡喜捨得不拘多少，重要的是以歡喜心「佈施」。能量資源是流動而善的。

易有血光之災、意外、病痛者：如身體健康允許，可以固定捐血、到醫院做義工，既可助人，又有益健康，試想想有什麼災難要一次流250cc的血?你主動去幫人又自助，何樂而不為。若健康不允許，就多捐款幫助一些救難團體或殘障機構、慈善醫院病童救助這些相關性的機構。例如「佛光山慈悲社會福利基金會」、「佛教慈濟基金會」、「伊甸社會福利基金會」、

「創世基金會—植物人」、「超人之友（脊髓損傷潛能發展中心）」，或其他此類型的社會機構。

求婚姻、家庭美滿：可以主動去家扶機構做義工或捐獻你的資源，家裡頭不用的未壞的任何物品，都可以打包送到「家扶中心」讓他們拿出去義賣，或可以到「家扶中心」說故事給小朋友聽等等。可以捐款「家扶基金會」，或其他此類型的社會機構。

求子者：可以認養兒童，或可以到「家扶中心」說故事給小朋友聽。可捐款「家扶基金會：兒童認養」、「博幼基金會：窮孩子課業輔導」、「台灣世界展望會：資助兒童、助學」，或其他此類型的社會機構。

求貌者：可以捐助顏面傷殘，「陽光社會福利基金會：燒燙傷」，或其他此類型的社會機構。

有眼疾者：可以捐助眼科飛行醫院「台灣奥比斯基金會：眼科飛行醫院」，或其他此類型的社會機構。

被性侵、家暴或成長在類似家庭環境的人：建議捐助「勵馨社會福利事

業基金會：性虐、雛妓」、「家扶基金會」，或其他此類型的社會機構。

單身貴族：請捐助「門諾基金會：獨居老人」、「創世基金會」，或其他此類型的社會機構。

求人緣：可捐助「嘉邑行善團：造橋舖路」、「中華民國紅十字會：國際急難救助」、「台灣世界展望會：飢餓30、資助兒童、助學」，或其他此類型的社會機構。

求學業：幫助失學中輟孩童：「博幼基金會：窮孩子課業輔導」、「台灣世界展望會：資助兒童、助學」，或其他此類型的社會機構。

做生意事業的人：務必廣結善緣，所有大企業能任用千萬員工，做億萬人的生意，沒有結眾善緣，如何得此結果。請捐助「嘉邑行善團：造橋舖路」、「環境資訊中心：環保」、「中華民國紅十字會：國際急難救助」，或其他此類型的社會機構。

總之以自己所求，先去幫助比自己更缺乏更需要的人，除了讓自己發現有人比自己更苦，進而感恩自己的幸福，確實的去行動、幫助更可以促進善的回流，生命本就是一種能量，種瓜得瓜，種豆得豆，漸漸的你就可以感受到生命的能量互動。

我學習命理多年的經驗，家中有親人長期行善，真的可以幫助家人消災避難，更何況自己親自作為。

每天將一日所修善行迴向給自己或身邊需要的人，光是這份善念相信也會令自己喜悅，讓身邊人增福。

盼望每個朋友心想事成，成事歡心。祝福大家！

迴向文

願以此功德，莊嚴佛淨土，上報四重恩，下濟三途苦。

若有見聞者，悉發菩提心，盡此一報身，同生極樂國。

註一：十天干：甲乙「木」，丙丁「火」，戊己「土」，庚辛「金」，壬癸「水」。

註二：十二地支：子、丑、寅、卯、辰、巳、午、未、申、酉、戌、亥。

註三：寅卯「木」，巳午「火」，辰戌丑未「土」，申酉「金」，子亥「水」。

註四：地支中藏五行（所藏五行中的第一字為主氣）

子（癸）　丑（己、癸、辛）　寅（甲、丙、辰）

卯（乙）　辰（戊、乙、癸）　巳（丙、戊、庚）

午（丁、己）　未（己、丁、乙）　申（庚、壬、戊）

酉（辛）　戌（戊、辛、丁）　亥（壬、甲）

註五：相生：木生火，火生土，土生金，金生水，水生木。

（所以甲乙木生丙丁火，丙丁火生戊己土，戊己土生庚辛金，庚辛金生壬癸水，壬癸水生甲乙木。）

註六：相剋：木剋土，土剋水，水剋火，火剋金，金剋木。

（所以甲乙木剋戊己土，戊己土剋壬癸水，壬癸水剋丙丁火，丙丁火剋庚辛金，庚辛金剋甲乙木。）

註七：天干五合：

甲己合化土、乙庚合化金、丙辛合化水　、丁壬合化木、戊癸合化火。例如你是甲木，己土的人跟你就是五合。

註八：地支相沖：

子午相沖、卯酉相沖、 寅申相沖、巳亥相沖 、辰戌相沖、丑未相沖。

地支相刑：

朋刑：寅刑巳、巳刑申、申刑寅為無恩之刑。

未刑丑、丑刑戌、戌刑未為恃勢之刑 。

互刑：子刑卯 、卯刑子為無禮之刑。

自刑：辰刑辰、午刑午、酉刑酉、亥刑亥為自相刑。

地支六害：

子未相害、丑午相害、寅巳相害、卯辰相害、申亥相害、酉戌相害。

地支相破：

子酉破、午卯破、申巳破、寅亥破、辰丑破、戌未破

天干六沖（這裡的六沖，指的是「隔六」沖）：

甲庚沖、乙辛沖、丙壬沖、丁癸沖。

註九：地支三合（以下三合局當中，三者有其二則為半三合）：

寅午戌合火局，申子辰合水局 。

巳酉丑合金局，亥卯未合木局 。

地支三會：

寅卯辰三會木局，巳午未三會火局。
申酉戌三會金局，亥子丑三會水局。
地支六合：
子丑化土、寅亥化木、卯戌化火、辰酉化金、巳申化水、午未化火（土）。
天干五合：
甲己合化土、乙庚合化金、丙辛合化水　、丁壬合化木、戊癸合化火。

註十：木（甲、乙）命生於未月為庫
火（丙、丁）土（戊、己）命生於戌月為庫
金（庚、辛）命生於丑月為庫
水（壬、癸）命生於辰月為庫
木命（甲、乙）命見寅或卯為有根
火命（丙、丁）土（戊、己）見巳或午為有根
金命（庚、辛）見申或酉為有根
水命（壬、癸）見亥或子為有根

註十一：腹式呼吸法：
吸入時腹部隆起，停約5～15秒，依個人舒服度而定，呼氣時腹部縮入，盡量吐盡氣。每次以10～20分鐘為一時程，找空氣流通處練習。

備註：在八字有一些特殊的格局例如：從格、化格及其他的特別格。八字一般取中庸之道為佳，但如果日主極強或極弱，或者因五合而化為其他元素，其所喜所忌的元素會跟一般命格的看法不太相同，因為其自成一格，許多判斷上跟一般的命格也會不一樣，但是特殊格局所涵蓋的論法屬於進階的部分，暫時不在本書的討論範圍。

◎十神對照表：

	甲	乙	丙	丁	戊	己	庚	辛	壬	癸
甲主日	比肩	劫財	食神	傷官	偏財	正財	七殺	正官	偏印	正印
乙主日	劫財	比肩	傷官	食神	正財	偏財	正官	七殺	正印	偏印
丙主日	偏印	正印	比肩	劫財	食神	傷官	偏財	正財	七殺	正官
丁主日	正印	偏印	劫財	比肩	傷官	食神	正財	偏財	正官	七殺
戊主日	七殺	正官	偏印	正印	比肩	劫財	食神	傷官	偏財	正財
己主日	正官	七殺	正印	偏印	劫財	比肩	傷官	食神	正財	偏財
庚主日	偏財	正財	七殺	正官	偏印	正印	比肩	劫財	食神	傷官
辛主日	正財	偏財	正官	七殺	正印	偏印	劫財	比肩	傷官	食神
壬主日	食神	傷官	偏財	正財	七殺	正官	偏印	正印	比肩	劫財
癸主日	傷官	食神	正財	偏財	正官	七殺	正印	偏印	劫財	比肩

◎地支藏干表：

巳	辰	卯	寅	丑	子	支地
庚戊丙	癸乙戊	乙	戊丙甲	辛癸己	癸	支藏
	正劫偏 印財財		偏食比 財神肩		正 印	甲日主
正正傷 官財官		比 肩		七偏偏 殺印財		乙
	正正食 官印神		食比偏 神肩印		正 官	丙
正傷劫 財官財		偏 印		偏七食 財殺神		丁
	正正比 財官肩		比偏七 肩印殺		正 財	戊

亥	戌	酉	申	未	午	支地
甲壬	丁辛戊	辛	戊壬庚	乙丁己	己丁	支藏
	傷正偏 官官財		偏偏七 財印殺		正傷 財官	甲日主
劫正 財印		七 殺		比食偏 肩神財		乙
	劫正食 財財神		食七偏 神殺財		傷劫 官財	丙
正正 印官		偏 財		偏比食 印肩神		丁
	正傷比 印官肩		比偏食 肩財神		劫正 財印	戊

地支	子	丑	寅	卯	辰	巳
藏支	癸	己癸辛	甲丙戊	乙	戊乙癸	丙戊庚
己日主		比肩 偏財 食神		七殺		正印 劫財 傷官
庚	傷官		偏財 七殺 偏印		偏印 正財 傷官	
辛		偏印 食神 比肩		偏財		正官 正印 劫財
壬	劫財		食神 偏財 七殺		七殺 傷官 劫財	
癸		七殺 比肩 偏印		食神		正財 正官 正印

地支	午	未	申	酉	戌	亥
藏支	丁己	己丁乙	庚壬戊	辛	戊辛丁	壬甲
己日主		比肩 偏印 七殺		食神		正財 正官
庚	正官 正印		比肩 食神 偏印		偏印 劫財 正官	
辛		偏印 七殺 偏財		比肩		傷官 正財
壬	正財 正官		偏印 比肩 七殺		七殺 正印 正財	
癸		七殺 偏財 食神		偏印		劫財 傷官

本書所舉例名人生日來源：奇摩網站、「維基百科，自由的百科全書」、奇摩網站搜尋、網路上部落格查詢。

國家圖書館出版品預行編目資料

一次完全學會八字學 / 辛筱淇著.
－－第一版－－臺北市：知青頻道出版；
紅螞蟻圖書發行，2011.11
面　公分－－(Easy Quick；115)
ISBN 978-986-6030-08-6（平裝）

1.命書 2.生辰八字

293.12　　　　100020423

Easy Quick 115

一次完全學會八字學

作　　者／辛筱淇
美術構成／Chris' office
校　　對／楊安妮、周英嬌、辛筱淇
發 行 人／賴秀珍
榮譽總監／張錦基
總 編 輯／何南輝
出　　版／知青頻道出版有限公司
發　　行／紅螞蟻圖書有限公司
地　　址／台北市內湖區舊宗路二段121巷28號4F
網　　站／www.e-redant.com
郵撥帳號／1604621-1 紅螞蟻圖書有限公司
電　　話／(02)2795-3656（代表號）
傳　　真／(02)2795-4100
登 記 證／局版北市業字第796號
法律顧問／許晏賓律師
印 刷 廠／卡樂彩色製版印刷有限公司
出版日期／2011年 11 月　第一版第一刷

定價 250 元　港幣 83 元

敬請尊重智慧財產權，未經本社同意，請勿翻印，轉載或部分節錄。
如有破損或裝訂錯誤，請寄回本社更換。

ISBN 978-986-6030-08-6　　Printed in Taiwan